KB263624

다시, 나에게로

- 불교에서 배우는 나를 사랑하는 습관 -

다시, 나에게로
-불교에서 배우는 나를 사랑하는 습관

1쇄 발행 2026년 1월 30일

저자 이점희

펴낸이 김제구
펴낸곳 리즈앤북
편집디자인 DESIGN MARE

출판등록 제2002-000447호
전화 02-332-4037   팩스 02-332-4031
이메일 ries0730@naver.com

값은 뒤표지에 있습니다.
ISBN 979-11-90741-65-1(03220)

다시, 나에게로

이점희 지음

생각이 많아지는 날에는
스스로를 다정하게 바라볼 필요가 있다.

리즈앤 북
ries & book

그저 마음이
조용해지길 바랐을 뿐

살다 보면 마음이 자꾸 바깥으로 쏠릴 때가 있다. 세상이 던지는 말에, 타인의 시선에, 해야 할 일과 멈추면 안 될 것 같은 압박 속에, 마음은 어느새 지쳐 가고 있음을 눈치조차 채지 못한 채 하루하루를 살아낸다.

나도 그랬다. 그저 잘하고 싶었고, 실망 주고 싶지 않았고, 괜찮은 사람이 되고 싶었을 뿐인데… 어느 순간부터 마음은 말없이 무거워지고, 겉으로는 아무렇지 않은 듯 웃고 있어도 속에서는 이유 모를 허전함이 자리를 틀고 있었다. 무엇이 문제인지 알지 못한 채 몸은 계속 앞으로 나아가는데 마음은 그 자리에 그대로 주저앉아버린 느낌이었다.

그 무게의 이름이 뭔지 몰랐을 때 나는 우연처럼 불교의 언어들을 만났다. '괜찮지 않아도 괜찮다', '마음은 고요할 때 본모습을 드러낸다', '생각은 지나가는 구름이고 나는 하늘이다' 같은 말들이 처음엔 조금 낯설었지만, 이상하게도 마음 깊은 곳에 조용히 가 닿는 울림이 있었다. 마치 내 속이 너무 어지럽다 보니 이 단순한 한마디들이 오히려 위안이 되었다.

그날부터 나는 조금씩 마음을 향해 귀 기울이기 시작했다. 아무도 듣지 못한 내 안의 소리를 조심스럽게 들어보고, 억눌러 왔던 감정들을 스스로 쓰다듬어 보며, 하루하루 아주 작은 속도로 살아내기 시작했다.

이 책은 그 시간들의 기록이다. 불교의 가르침을 내 삶 안으로 가져와 보고, 그것을 나만의 언어로 다시 풀어내며, 지친 하루 속에서 조금이라도 마음이 편안해지길 바라는 사람들과 나누고 싶은 이야기들을 담았다. 여기 있는 글들은 수행자의 이야기라기보다, 매일 아침 눈을 뜨고 오늘도 잘 살아내려 애쓰는 우리 모두의 이야기이자, 마음이 자주 흔들리고 그 흔들림 속에서도 길을 찾아가고자 하는 한 사람의 고백이다.

우리는 각자 다른 삶을 살고 있지만, 마음이 복잡할 때 느끼는 숨 막힘이나 이유 없이 찾아오는 불안은 누구에게나 익숙하다. 이 책은, 잘 지내는 듯 보이지만 어딘가 외로운 그 익숙한 마음들 곁을 조용히 지켜주고 싶은 마음에서 시작되었다. 따로 해결책을 주기보다 '나도 그래요'라고 말해주고 싶은, 괜찮지 않은 날에도 '그런 날도 있죠'라고 말해줄 수 있는… 그런 다정한 동행을 꿈꾸며 한 꼭지씩 써 내려갔다.

이 글들이 당신의 아침 창가에 잠시 앉는 햇살이 되고, 무거운 마음을 조용히 어루만지는 바람이길 바란다. 아주 잠깐이라도 멈춰 서서 내 마음을 바라볼 수 있는 시간이 되어주기를…. 그리고 그 고요 속에서 비로소 스스로를 다정하게 안아줄 수 있는 용기를 발견하기를….

나 또한 여전히 길 위에 있고, 당연하게도 완전히 평온한 날만 있는 것은 아니다. 그렇기에 이 책은 '당신'과 '나'가 함께 잠시 앉아 쉬어갈 수 있는 쉼표 같은 공간이었으면 한다. 한 문장, 한 문단, 그리고 한 생각이 당신의 마음에도 부드럽게 스며들기를….

1장

마음을 들여다 보는 연습

마음을 들여다보는 것이 시작

불교에서는 마음의 흐름을 멈추거나 없애려 하지 말고,
그저 있는 그대로를 바라보라고 말한다.
그것이 바로 '지관止觀'이다.
'지止'는 멈춤이고, '관觀'은 관찰이다.
머릿속이 시끄럽고 마음이 복잡할수록
억지로 고요히 만들려 하기보다,
지금 내 안에서 어떤 감정이 일어나고 있는지
바라보는 연습이 필요하다는 뜻이다.
생각이 많아지는 날에는
나 자신을 조금 더 다정하게 바라볼 필요가 있다.
왜 이렇게 생각이 많냐고 다그치기보다
'무슨 말이 하고 싶어서 마음이 이토록 시끄러운 걸까?'
스스로에게 물어볼 수 있어야 한다.

왜 이렇게
마음이 복잡할까

가끔은 이유 없이 처지는 날이 있다. 특별히 힘든 일이 있었던 것도 아니고, 누가 상처 주는 말을 한 것도 아닌데, 마음이 뭔가 불편하고 묵직하게 가라앉는 날. 평소와 다름없이 하루를 시작했는데 괜히 서운하고, 괜히 지치고, 괜히 기분이 가라앉는다. 이유 없는 복잡한 감정이 마음 안에서 천천히 퍼지는데, 그걸 붙잡고 들여다보자니 감정은 더 얽히고, 외면하자니 더 무거워진다. 생각은 꼬리에 꼬리를 물고 이어지고, 잡으려 하면 할수록 더 복잡해진다. 결국 이게 무슨 감정인지, 왜 이러는지도 모른 채 "그냥 컨디션이 안 좋아."라는 말로 하루를 보내게 된다.

그럴 때 우리는 스스로에게 화를 낸다. '왜 이렇게 예민하지?',

'왜 아직도 그때 일을 마음에 담고 있지?', '나만 이런 건가?', '이 정도로 힘들어하는 내가 좀 이상한 건가?' 이런 생각들이 끊임없이 마음을 파고들면, 복잡한 감정 위에 또다시 자책이 얹히고, 위로 대신 판단이 마음을 지배하게 된다. 하지만 마음이 복잡한 건 잘못된 상태가 아니다.

불교에서는 마음을 '끊임없이 움직이는 존재'로 설명한다. 마치 나무 사이를 쉴 새 없이 뛰어다니는 원숭이처럼, 마음은 가만히 있으려 하지 않고 계속 움직이기 때문이다. 생각도 마찬가지다. 고삐 풀린 망아지처럼 이리저리 날뛰다가도, 어떤 생각은 오래 머물러 마음 한구석을 차지하기도 한다.

마음의 움직임은 자연스러운 일이다. 사람의 감정이란 완벽하게 정돈된 상태로 유지되기는 어려우니 말이다. 마음은 본래 그렇게 흐트러지고, 흔들리고, 어지러워지는 거다. 문제는 마음이 복잡하다는 사실이 아니라, 그 복잡함을 억지로 없애려 하거나 나쁜 것으로 바라보는 태도에 있다.

불교에서는 마음의 흐름을 멈추거나 없애려 하지 말고, 그저 있는 그대로를 바라보라고 말한다. 그것이 바로 '지관止觀'이다. '지止'는 멈춤이고, '관觀'은 관찰이다. 머릿속이 시끄럽고 마음이 복잡할수록 억지로 고요히 만들려 하기보다, 지금 내 안에서 어떤 감정이 일어나고 있는지 바라보는 연습이 필요하다는 뜻이다.

생각이 많아지는 날에는 나 자신을 조금 더 다정하게 바라볼 필요가 있다. 왜 이렇게 생각이 많냐고 다그치기보다 '무슨 말이 하고 싶어서 마음이 이토록 시끄러운 걸까?' 스스로에게 물어볼 수 있어야 한다. 마음은 늘 무언가를 말하고 있다. 다만 우리가 그 말을 너무 오랫동안 외면해 왔을 뿐이다.

조용히 마음에게 물어보면 들리는 것들이 있다. 그동안 참느라 힘들었어, 그때 정말 서운했어, 나는 사실 혼자인 게 외로웠어… 이렇게 마음속 깊은 곳에서 천천히 올라오는 말들이 있다. 그 말들을 억누르지 말고, 분석하려 들지 말고, 그저 조용히 들어주는 것이 지금 복잡한 마음에게 줄 수 있는 가장 큰 위로이다.

마음이 복잡하다는 건, 내 안에 아직 놓아주지 못한 감정이 있다는 뜻일 수도 있다. 누군가에게 제대로 말하지 못하고 삼킨 말, 나 자신조차 이해하지 못한 감정, 잊은 줄 알았는데 여전히 남아 있는 상처 같은 것들이 무의식 속에서 조용히 흔들리고 있는 것인지 모른다. 그러다 마음이 지칠 때, 그 조각들이 슬며시 올라와 내 하루를 덮는 것이다.

그럴 땐 멈추는 용기를 내야 한다. 그 복잡함을 외면하거나 지워내려고 하기보다, 지금 내가 느끼고 있는 감정을 있는 그대로 바라보는 시간을 가져 보자. 조용히 앉아 눈을 감고, 마음속에 무엇이 지나가고 있는지 바라보는 연습을 해보는 것이다.

처음엔 잘 들리지 않을 수 있다. 마음이 뭘 말하고 있는지 잘 모르겠고, 가만히 있는 게 답답하고 불편할 수 있다. 하지만 그 순간을 참고 묵묵히 지켜보는 시간이 쌓이면, 어느 순간 마음이 말해줄 것이다.

"고마워, 내 말을 들어줘서."

그 말을 들을 수 있게 되는 순간, 마음이 조금씩 정리되고 있음을 느낄 것이다. 서로 엉켜 있던 생각과 감정의 매듭이 하나씩 풀리고, 그저 뿌연 안개 같던 내면이 조금씩 맑아질 테니까.

마음이 복잡한 날에는 무엇보다도 나를 향한 다정함이 필요하다. 때로는 그 다정함이 가장 큰 힘이 된다. 복잡함 속에서조차 나를 다정하게 바라볼 수 있는 사람은 결국 나 자신뿐이니까.

마음이 복잡하다면, 그 복잡함을 억지로 없애려 하지 말고 그저 그 안에 머물러 있어도 괜찮다고, 그렇게라도 하루를 살아낸 나 자신에게 수고했다고 말해 보자.

생각은 구름,
나는 하늘

생각이란 건 가만히 있질 않는다. 어제 있었던 일부터 내일 해야 할 일, 누군가와 나눴던 말, 그때 내가 하지 못한 말, 언젠가의 기억까지… 끝도 없이 떠오르고 또 떠오른다. 처음에는 그저 스치듯 지나가던 한 가지 생각이 꼬리에 꼬리를 물기 시작하면, 어느새 나를 감싸는 공기마저 무거워진다. 괜찮다고 넘겼던 말에 다시 마음이 어지럽고, 괜한 상상 하나에 기분이 가라앉기도 한다.

그럴 땐 '나는 왜 이렇게 생각이 많을까' 싶고, '이런 내가 이상한 걸까' 하는 자책으로 이어지기도 한다. 생각을 없애고 싶다는 마음, 다 정리하고 조용해지고 싶다는 바람이 커질수록 오히려 더 많은 생각이 몰려드는 건 아이러니한 일이 아닐 수 없다.

불교에서는 생각을 구름에 비유하곤 한다. 그리고 그 구름이 떠다니는 너른 공간을 바로 우리의 '마음', 혹은 '참된 나'라고 말한다. 구름은 흘러가지만 하늘은 그 자리에 있고, 어떤 구름도 하늘을 상하게 하진 못한다.

우리가 '마음'이라고 부르는 것도 마찬가지다. 겉으로는 수많은 생각들이 떠오르고 사라지지만, 그 아래에는 언제나 고요하고 맑은 본래의 마음이 있다. 문제는 우리가 자꾸 구름에 정신이 팔려 그게 하늘인 줄 착각한다는 것에 있다. 지금 떠오른 생각이 진짜 나의 전부인 것처럼 믿고, 그 생각에 따라 내 감정과 하루가 요동치도록 내버려두니 말이다.

하지만 그건 진짜 나라고 할 수 없다. 생각은 그저 일시적인 마음의 현상일 뿐, 어떤 생각이든 반드시 시작과 끝이 있고, 일정한 감정을 동반한 채 흘러간다. 불교에서는 이처럼 일어나는 대상을 '법法'이라고 부른다. 법은 생겨나면 반드시 사라지고, 생겼다가 사라지는 것에는 실체가 없다고 말한다.

우리가 생각을 억제하거나 없애야 한다고 느끼는 이유는, 그 생각이 불편하고 고통스러워 마음을 어지럽히기 때문이다. 그런데 사실은, 그 생각을 '없애야 한다'는 그 마음 자체가 또 하나의 생각이라는 점에서 오히려 생각을 더 키우는 역설이 되어버린다.

그래서 불교에서는 생각을 없애는 대신 '알아차림'의 힘을 강조한다. 생각이 떠오르면 '아, 생각이 떠올랐구나' 하고 알아차리는 것, 그것이 바로 명상이고 수행이다. 판단도 하지 않고, 해석도 붙이지 않고, 그저 '지금 이런 생각이 떠오르고 있다'고 알아차리고 그저 바라보는 것. 그렇게 거리를 두고 바라보다 보면, 생각이 '나'라는 실체가 아니라 '하나의 흐름'이라는 걸 조금씩 체감하게 된다.

예를 들어, 문득 어떤 사람의 얼굴이 떠오르고, 그 사람에게 들었던 말이 생각나고, 그 말이 주었던 감정이 되살아나 괜히 속상해져서 다시 그 순간으로 돌아간다면, 지금 내 안에서 일어나고 있는 건 과거의 재현이 아니라 현재의 '반응'이다.

그 사람이 지금 내 앞에 있는 것도 아니고 똑같은 상황이 벌어진 것도 아닌데, 나는 그 기억 하나로 지금 여기를 사는 대신 과거의 구름 속에 들어가 있는 셈이다. 그런 나를 알아차리고 한 발짝 물러서서 바라볼 수 있다면, 그 감정은 더 이상 나를 붙잡지 못할 것이다.

'나는 생각이 너무 많아'라고 느끼는 경우의 대부분은 사실

'떠오른 생각을 붙잡고 있다'라는 표현이 더 정확한 감정이다. 생각이 많은 게 문제가 아니라, 생각에 휘둘리고 있다는 게 진짜 문제다. 마음을 고요하게 다스리고 싶다면 생각을 없애려 애쓰지 말고 흘러가도록 두어야 한다.

흘러가게 두려면, '나는 생각이 아니다, 나는 그것을 바라보는 자다'라는 아주 단순하지만 강력한 자각이 필요하다. 이 자각이 깊어질수록, 우리는 생각이 지나가는 길을 만들 수 있게 된다.

하늘은 구름을 흘려보내는 법을 안다. 그건 흘려보내려고 의식해서가 아니라 붙잡지 않기 때문이다. 마음도 마찬가지다. 우리가 붙잡지 않으면, 생각은 자연히 흘러가게 되어 있다. 나쁜 생각, 불편한 감정, 반복되는 걱정, 두려움, 후회… 어떤 감정이든 어떤 기억이든 다 구름일 뿐이다. 짙게 드리우는 날도 있겠지만, 결국 구름은 흘러간다.

하늘은 그 모든 것을 품으면서도 그대로다. 그러니 나는 하늘이고, 지금 떠오른 생각은 그저 한 조각 구름에 불과하다는 사실을 잊지 말자.

마음이 시끄러운 날일수록, 자꾸만 생각이 나를 덮을수록, 한 발짝 물러서서 속으로 이렇게 말해 보자.

"생각은 그저 흘러가면 그뿐인 구름이고, 나는 하늘이다. 흔들려도 괜찮고, 맑지 않아도 괜찮다. 언제든 다시 고요해질 수 있는 넉넉한 존재니까."

그렇게 단 몇 초라도 스스로에게 공간을 줄 수 있다면, 마음은 조금씩 가벼워질 것이다.

멈춤의 용기

현대인들은 대부분 '무언가를 계속해야 한다'는 생각에 휘둘리며 살아간다. 멈추면 안 될 것 같고, 속도를 늦추면 뒤처질 것 같고, 잠시 쉬는 것조차 죄책감처럼 느껴질 때가 있다. 늘 해야 할 일은 많고 시간은 한정되어 있으니, 뭔가를 멈추는 순간 모든 것이 엉망이 될 것 같다는 불안감에 마음을 끊임없이 몰아세운다. 그래서 무의식적으로 아프면서도 괜찮은 척하고, 힘들면서도 웃고, 다 끝내야만 쉴 수 있다는 조건을 마음속에 달아둔 채 계속 달리는 것이다.

하지만 아무리 달려도 마음이 따라오지 않으면 꼭 무언가를 내려놓아야만 할 때가 있다. 몸은 움직이고 있지만, 마음은 이미 그 속도에 지쳐 바닥에 주저앉아버린다. 달리는 걸 멈추지 못한 채 마음을 놓치고 살아가면, 언젠가 내 안에서 조용히 무너져내리는 순간을 맞게 된다. 겉으로는 멀쩡해 보여도 속은 엉망이 되어 있고, 감정은 무디고, 생각은 흐릿하고, 아무리 쉬어도 쉰 것 같지 않고, 아무것도 하지 않아도 피곤한 상태 말이다.

불교에서는 '멈춤'을 굉장히 중요하게 생각한다. 어떤 특별한 동작이나 행동보다도 수행은 먼저 '멈추는 것'에서 시작된다. 지금 내가 하고 있는 생각, 내가 붙잡고 있는 감정, 내가 무심코 내뱉는 말, 내가 반복하듯 이어가는 습관을 조용히 멈추어 보자. 그저 단 1초라도 상관없다. 그 멈춤 안에 내 마음이 고요히 돌아올 틈이 생기니까.

'멈춘다'는 건 단순히 손을 놓는 것이 아니라, 내가 지금 어디쯤 와 있는지를 바라보는 일이다. 내가 지금 왜 이렇게 지쳐 있는지, 왜 그 말을 듣고 그렇게까지 흔들렸는지, 이대로 계속 달려가면 내가 어디로 가게 될지를 스스로에게 묻는 시간이다. 마음은 가만히 들여다보는 시간 없이 절대 정리되지 않는다. 오히려 끊임없이 달리는 시간 속에 마음을 두면, 그 속도를 따라잡지 못해 여기저기 흩어지고 만다.

그래서 불교의 기본 수행 중 하나가 '정지[禪]', 즉 조용히 멈추어서 앉아 있는 시간이다. 겉으로는 아무것도 하지 않는 시간처럼 보이지만, 사실은 마음의 가장 깊은 곳을 만나는 행위다.

우리는 '무언가를 하는 사람'이 익숙하지만, 가끔은 '그냥 있는 사람'으로 살아도 괜찮다. 어떤 날은 아무것도 하지 않아야 비로소 들리는 마음의 소리가 있기 때문이다. 너무 시끄러워서 못 들었던 게 아니라, 내가 너무 바빠서 듣지 못했던 것들 말이다.

이성으로 누르고 있던 감정, 억지로 괜찮다고 넘겼던 순간, 사실은 아팠는데 말하지 못하고 삼켰던 마음들이 천천히 올라온다. 그게 불편하고 두려워서 우리는 계속 무언가를 하려고만 한다. 바쁘게 움직이면 그 감정을 피할 수 있을 것 같으니까. 그런데 그건 결국 언젠가 더 깊은 자리에서 다시 나를 붙잡고 흔든다.

진짜 멈춤은 단지 외적인 행동을 멈추는 게 아니다. 마음속에서 계속 반복하던 생각을 내려놓는 일이다. 예를 들어, 나답지 않게 한 말이 계속 떠오른다면, 그 생각을 붙잡은 채 며칠이고 곱씹는 대신, 그냥 그 생각이 떠오르고 있다는 사실을 바라보는 것이다. '지금 나는 그 장면을 다시 떠올리고 있구나', '그 말이 마음에 남아 있었구나', '나는 그때 참 아팠구나' 하고 말이다. 그걸 인정하고 바라보는 순간, 우리는 생각에서 물러나 마음의 중심으로 돌아올 수 있다.

멈추는 게 두려운 건, 멈췄을 때 마주하게 될 감정 때문이다. 그동안 외면했던 슬픔이나 외로움, 쌓인 피로감 같은 것들이 멈추자마자 올라올까 봐 우리는 계속 움직인다. 하지만 아이러니하게도 그 감정은 멈추지 않으면 절대 지나가지 않는다. 마치 몸에 열이 날 때 쉬지 않으면 병이 더 깊어지듯, 마음도 쉼 없이 달리기만 하면 더 큰 병이 되기 때문이다.

불교에서 자주 등장하는 말 중에 '지금 이 자리, 그대로'라는 표현이 있다. 지금 내가 있는 이 자리, 이 마음을 있는 그대로 받아들이는 순간에 진짜 쉼이 찾아온다는 뜻이다. 멈춘다는 건 단순히 움직임을 그치는 게 아니라, 지금 여기서 나를 인정하는 용기를 말한다.

그래서 멈춘다는 건 사실 두려움을 동반한 용기라고 할 수 있다. 모두가 앞만 보고 달리는 세상 속에서 속도를 늦추는 일은, 생각보다 더 큰 결심이 필요하기 때문이다. 멈추면 안 되는 것처럼, 모두가 나아가야만 사는 것처럼 보이는 흐름 속에서 나만 잠시 멈춰 선다는 건 어쩌면 무모하게 느껴질지도 모른다. 그러나 그 멈춤 안에서 우리는 비로소 자기 마음과 마주하고, 흩어진 조각들을 하나씩 되짚어 가며 나를 회복시킬 수 있다.

그러니 멈추고 싶을 땐 멈춰도 괜찮다. 오늘은 아무것도 하지 않아도 괜찮고, 조금 느려도 괜찮고, 한 발짝 물러서 있어도 괜찮다. 우리가 가야 할 길은 언제나 기다리고 있으니까. 그 길을 다시 잘 걷기 위해서라도 우리는 쉬어야 한다. 잘 걷기 위해서는 잘 멈추는 법부터 배워야 한다.

불안은
지나가는 손님일 뿐

불안은 늘 예고 없이 찾아온다. 갑자기 마음이 덜컥 내려앉고, 분명히 아무 일도 없는데 괜히 불안한 기운이 감돌고, 그 불안은 하나의 감정에만 머물지 않고 여러 다른 생각들을 이끌어낸다. 괜히 숨이 막히고, 집중이 안 되고, 멀쩡하던 몸도 피곤해지고, 평소라면 대수롭지 않게 넘겼을 말에도 예민해진다.

아침에 눈을 떴는데 왠지 불안한 기분이 드는 날이면, 하루 종일 그 감정이 뿌리처럼 따라붙는 것 같고, 별것 아닌 일에도 덜컥 마음이 조여와서 괜히 위축되고, 결국 스스로에게 묻는다.

'왜 이러지? 대체 뭐가 불안한 거야?'

불안은 자주 찾아오지만, 그 이유는 늘 분명하지 않다. 어떤 불안은 내 안에 오래도록 쌓여 있다가 슬며시 고개를 든다. 또 어떤 불안은 아주 작은 계기로 시작되어 상상이라는 이름의 뿌리를 내리는데, 그 상상은 점점 커져서 미래의 불확실함을 현재로 끌고 온다. 그러면 마치 머릿속에 짙은 안개가 낀 것처럼 마음이 뿌예지고, 어떤 판단도 내리기 어려워진다.

불교에서는 불안을 고통의 첫 번째 뿌리라고 본다. '두려움'이라는 감정이 깔려 있는 불안은, 욕망과 집착이 만들어낸 마음의 습관이다. 원하는 것을 얻지 못할까 봐, 가진 것을 잃을까 봐, 누군가 나를 싫어할까 봐, 실패할까 봐, 누군가와 멀어질까 봐, 혹은 그 어떤 예상치 못한 일들이 일어날까 봐… 우리는 수없이 많은 '~할까 봐'를 안고 살아간다. 그 대부분은 아직 일어나지 않은 미래에 대한 상상일 뿐인데 말이다.

불교는 지금 이 순간을 가장 소중한 자리로 여긴다. 지금 이 순간이 진실이고, 내가 존재하는 유일한 공간이며, 나의 마음이 머물 수 있는 단 하나의 자리가 바로 '지금, 여기'라고 말한다. 하지만 불안은 늘 아직 오지 않은 내일로, 혹은 되돌릴 수 없는 어제로 나를 밀어낸다. 그래서 불안이 커질수록 오히려 현재는 점점 흐려지고, 마음은 계속해서 무언가에 흔들린다.

불안은 없애려 애쓸수록, 억지로 누르고 외면할수록 더 깊이 자리를 잡는다. 마치 물속에 둥둥 떠 있는 기름처럼, 아무리 물에 넣고 눌러도 끝내 수면 위로 떠오르는 고무공처럼 말이다.

불안은 오히려 예상치 못한 때 방문한 손님처럼 대해야 한다. 그냥 조용히 그 존재를 알아차리고, 머물다 갈 수 있도록 자리를 내주면 된다. '아, 지금 내 마음에 불안이 찾아왔구나.' 그렇게 인정하는 순간, 불안은 더 이상 나를 장악하지 않는다. 불안을 느끼는 '나'와 감정 사이에 작은 거리가 생기고, 나는 그 감정을 지켜보는 사람이 될 수 있다.

불안이 무서운 건, 그 감정이 내 전부가 된 것처럼 느껴지기 때문이다. 불안한 내가 아니라, 내가 불안 그 자체처럼 느껴질 때 우리는 그 감정에 삼켜진다. 하지만 그건 착각에 지나지 않는다. 불안은 나를 스쳐가는 감정일 뿐, 나라는 존재를 온전히 설명해 주지 않는다. '지금 느끼는 감정이 곧 나'라는 생각에서 조금만 물러설 수 있다면, 우리는 훨씬 부드럽고 단단하게 불안과 공존할 수 있을 것이다.

불교에서는 모든 감정이 무상無常하다고 말한다. 어떤 감정이든 그것은 반드시 일어나고, 머물고, 사라지는 흐름을 가진다. 불안도 예외는 아니어서, 지금 아무리 큰 불안을 느끼더라도 영원히 머무르지는 않는다.

우리가 잊지 말아야 할 것은, 불안이라는 감정이 '잠시 머무는 손님'이라는 사실이다. 그 손님을 억지로 내쫓으려 하지 말고, 잠시 앉을 자리를 마련해 주고 조용히 지켜보자. 머물다 떠나는 손님처럼, 불안도 그렇게 사라질 수 있다.

불안을 무조건 없애야 할 대상으로만 여긴다면, 오히려 불안을 두려워하게 된다. 그런데 마음이란 게 받아들일수록 작아지고, 함께 있을수록 익숙해진다. 그러니 불안도 나의 일부로 조용히 바라볼 수 있다면, 불안은 더 이상 나를 괴롭히는 적이 아니라 나를 이해하게 만드는 하나의 계기가 된다.

괜히 마음이 불편하고 이유 없이 불안하다면, 억지로 그 이유를 찾으려 하지 않아도 된다. 그냥 조용히 스스로에게 말을 걸어보자.

"그래, 불안할 수도 있지. 그런 날도 있는 거야."

이것만으로도 불안은 조금씩 그 기세를 누그러뜨릴 것이다.

‘나는 괜찮아’라고
말하는 연습

문득 거울 속의 나에게 “나, 이대로 괜찮은 건가?” 하고 물어본 적이 있는가?

거울 속의 나는, 겉으론 잘 지내는 것처럼 보여도 마음엔 설명할 수 없는 감정의 파편들이 하나둘씩 쌓여 있고, 누군가 “요즘 어때?” 하고 물었을 때 진심으로 “괜찮아!”라고 말하기 어려울 만큼 마음이 고장 나 있다. 가끔은 너무 많은 말들이 마음속에 얹혀 있는데도 어떻게 꺼내야 할지 몰라서 그냥 입 다물고 지내고, 어떤 날은 괜찮지 않은 마음을 괜찮다고 억지로 포장해 가며 하루를 버텨낸다.

그렇게 ‘괜찮은 척’을 반복하다 보면, 어느 순간부터는 진짜 내 마음이 어떤 상태인지 분간하기 어려워진다. 웃는 건지 웃는 척을 하는 건지, 무던한 건지 그냥 체념한 건지… 어떤 기분으로 하루를 보내고 있는지조차 흐릿해진다. 마음은 점점 둔해지고 스스로를 위로하는 방법도 서툴러져, 그저 괜찮다고 말하며 하루를 덮어버리고 마는 것이다.

불교에서는 "진짜 괜찮아지기 위해서는 먼저 '괜찮지 않음'을 인정하는 용기가 필요하다."라고 말한다. 우리는 늘 반대로 행동한다. 괜찮지 않아도 괜찮다고 말하고, 마음에 쌓인 감정을 억지로 눌러 담고, 힘들어도 아무렇지 않은 얼굴로 버텨낸다. 하지만 그렇게 꾹꾹 눌러둔 감정은 언젠가 더 무겁고 어두운 형태로 올라올 뿐이다. 차라리 그 감정이 처음 올라왔을 때 부드럽게 바라보고 괜찮지 않다는 걸 인정했더라면, 마음이 그렇게 오래 아프지 않았을지도 모른다.

'나는 괜찮아'라고 말하기 위해서는 먼저 스스로에게 솔직해야 한다. 지금 무엇이 힘든지, 마음 한가운데를 차지하고 있는 감정은 무엇인지 조용히 들여다봐야 한다. 불교에서는 내면을 바라보는 이 태도를 '관觀'이라고 부른다. 관찰하고, 알아차리고, 바라보는 힘이다.

감정은 억누를수록 커지고, 들여다볼수록 가라앉는다. '나는 괜찮아'라는 말은 누군가에게 보여주기 위해 하는 말이 아니라, 스스로에게 건네는 다정한 인사 같은 것이다. 괜찮지 않은 마음조차 받아들이고, 지금의 나를 있는 그대로 인정할 수 있을 때, 그 말은 비로소 마음속 깊이 닿을 수 있다.

말은 참 신기하다. 스스로에게 하는 말 한마디가 마음에 오래 남는다. "나는 아직 괜찮지 않아!"라고 말한 날엔 마음이 조금 더 무너지고, "나는 괜찮아!"라고 말한 날엔 왠지 모르게 마음이 조금 더 단단해지니까.

물론 그 말은 하루아침에 진심이 되진 않는다. 때로는 입술로만 말하고 마음은 따라오지 않기도 하고, '정말 괜찮은 걸까' 의심스러울 때도 있다. 하지만 말이라는 건 반복될수록 마음을 움직이게 한다. 매일매일 스스로에게 "나는 괜찮아, 지금 이대로도 괜찮아!"라고 말해 보자. 그 말은 어느새 마음속에 자리를 잡고, 뿌리를 내리고, 잎을 피운다.

불교에서는 '진심眞心'이 가장 큰 수행이라고 말한다. 지금 이 마음을 거짓 없이 받아들이는 것, 그게 수행의 시작이다. 지금 슬프면 슬픈 대로, 외로우면 외로운 대로, 지치고 무기력하면 있는 그대로…. 그 마음을 바꾸려 하기보다 먼저 안아주는 것이 ‘괜찮아지는’ 첫걸음이다.

마음이 자꾸 흔들릴 땐 스스로에게 물어보자.

“지금 내 마음은 어디에 머물러 있지?”

그리고 다그치지도 판단하지도 말고, 이렇게 말해 주자.

“그럴 수 있어, 그 마음도 괜찮아.”

그 말이 나를 끌어안고, 지금을 버티게 해준다. 괜찮다는 말은 스스로에게 보내는 작은 응원이다. 하루하루를 살아가면서 놓치지 말아야 할 건, 그 하루의 끝에서 나에게 말해주는 한마디가 가장 큰 수행이자 단단한 위로라는 사실이다.

“그래도 잘했어, 오늘도 괜찮았어.”

그러니 오늘 조금 힘들었더라도 괜찮다. 눈에 띄는 성과가 없어도, 특별히 잘한 게 없더라도, 마음이 조금은 지쳐 있더라도… 괜찮다. ‘나는 괜찮아’라는 말은 완벽하다는 뜻이 아니다. 그저 하루를 살아낸 나에게 건네는, 조용하고 다정한 인사다. 내일 아침에도, 하루의 끝에서도, 그 말을 스스로에게 꼭 들려주자.

마음에도
날씨가 있다

괜히 기분이 울적한 날이 있다. 딱히 뭔가 안 좋은 일이 있었던 것도 아니고, 누가 상처를 준 것도 아닌데, 이유 없이 마음이 흐리고 무거운 날. 말 한마디에 괜히 마음이 쿡 찔리고, 하던 일에 집중도 되지 않고, 평소 같으면 아무렇지 않게 넘길 일들이 이상하게 거슬리고 민감하게 느껴지는 날….

아무리 애써 보아도 감정이 잘 정리되지 않고, 내 마음이 왜 이러는지 나 자신도 모르겠을 때, 우리는 보통 그 감정을 억누르거나 부정하려 든다. '이 정도는 그냥 넘겨야지', '이런 감정에 휘둘리면 안 되지' 하며, 스스로를 다독이기보다 몰아세우는 쪽을 택하곤 한다.

하지만 마음이란 건 날씨와 비슷한 구석이 있다. 맑은 날도 있고 흐린 날도 있으며, 때로는 예상치 못한 비가 내리고, 뜬금없이 바람이 불어오는 날도 있다. 하늘의 날씨를 내 마음대로 정할 수 없듯, 마음의 날씨도 내가 뜻대로 조절할 수 없다. 날씨에 따라 필요하면 우산을 쓰고, 조금 천천히 걷고, 조용히 실내에 머물듯 우리 마음도 그렇게 다루어야 한다.

불교에서는 감정을 억제하거나 없애야 한다고 말하지 않는다. 오히려 지금 내 마음에 어떤 감정이 머물고 있는지를 알아차리는 걸 중요하게 여긴다. 그걸 '마음 챙김'이라고 부른다. 마음 챙김은 '지금 이 순간 나의 마음 날씨를 관찰하는 태도'라고도 할 수 있다. 오늘 나의 마음이 흐림인지, 소나기인지, 맑음인지, 아니면 비 갠 뒤의 뿌연 공기 같은 상태인지, 이유 없이 답답한 회색 하늘 같은 건지… 있는 그대로 바라보고 인식하는 것이다.

마음의 날씨가 흐리다고 해서 그것이 곧 잘못된 상태라는 말은 아니다. 감정은 그저 스쳐 지나가는 구름 같은 것이고, 구름은 언제나처럼 하늘을 덮었다가 사라질 뿐이니까.

문제는 우리가 그 날씨를 '이상한 것'으로 여길 때 생긴다. '갑자기 왜 이러지? 어제는 멀쩡했는데?', '남들은 다 잘하는 것 같은데 나는 왜 이럴까?' 그렇게 스스로에게 질문을 던지기 시작하면,

감정을 관찰하는 대신 분석하게 되고, 감정에 머무는 대신 판단하게 된다. 그러면 마음은 더 복잡해지고, 흐림은 더 짙은 어둠으로 변한다.

그럴 때일수록 마음의 날씨를 그대로 인정해 주어야 한다. 마치 오늘의 하늘이 흐리다는 사실을 받아들이듯, 오늘의 나도 조금 지치고 가라앉아 있다는 걸 받아들이자. 마음의 날씨를 억지로 고치려 들지 말고, 잠시 그렇게 두자. 구름이 흘러가는 데 시간이 필요하듯, 감정이 가라앉는 데도 시간이 필요하다.

불교에서는 모든 것이 변한다고 이야기한다. 이를 '무상無常'이라고 부른다. 기쁨도 슬픔도, 분노도 고통도, 모두 일어났다 사라지는 성질을 가지고 있다. 어떤 감정이든 영원히 지속되지 않는다. 지금 겪는 이 감정도 언젠가는 지나간다. 오늘의 날씨가 내일도 같으리란 보장이 없는 것처럼, 마음의 날씨 또한 그렇다.

그래서 지금 내 마음이 어떤 상태인지 조용히 들여다보고, 그 상태에 맞게 나를 돌보는 법을 익혀야 한다. 하늘이 흐릴 땐 우산을 챙기듯 마음이 흐릴 땐 잠시 멈추어 호흡을 고르고, 나를 따뜻하게 감싸줄 시간과 공간을 마련하자. '왜 이런 감정을 느끼는 걸까?'보다는 '지금 이 감정을 어떻게 안아줄 수 있을까?'를 물어보는 것이다.

마음 날씨가 좋아지게 억지로 해를 끌어오려 하지 말고, 흐림 속에서라도 잠시 쉬어가자. 흐림이 쉼도 되고, 고요함도 되고, 지나고 나면 더 단단해지는 자양분이 될 테니까.

마음의 날씨는 조절이 아니라 수용의 대상이다. 우리가 날씨에 따라 옷을 입듯, 마음의 날씨에 따라 살아가는 태도를 조절하면 된다. 흐린 날엔 조금 여유 있게 생각하고, 바람 부는 날엔 나를 단단히 잡아주고, 맑은 날엔 고마움을 느끼며… 그렇게 하루하루의 마음 날씨를 인정하고 받아들이다 보면, 조금씩 내 마음의 자연을 이해하게 될 것이다. 그 이해는 나에 대한 친절함으로 이어질 터이다.

뭔가 잘 안 풀리고, 기운이 나지 않고, 말수가 줄어들고, 예민해졌다고 해서 잘못된 것이라 생각하지 말자. 그저 마음의 날씨가 조금 흐린 날일 뿐인 거다. 그리고 그런 날이 있어도 분명 괜찮다.

지금 이 순간,
그대로

아무 일도 하지 않고 가만히 앉아 있는 상황 자체가 어색하게 느껴질 때가 있다. 머릿속에 세워진 계획대로 살아내야만 안심이 되는 시간을 살아가는 우리는 습관처럼 '다음'을 찾는다.

'이 일이 끝나면 뭘 하지?'

'이 상황이 지나면 좀 나아질까?'

마음이 앞서가니, 지금 이 순간은 자꾸 뒷전으로 밀려난다. 마음이 어디에 있느냐에 따라 삶의 질이 달라진다고 했다. 아무리 좋은 일도 그 순간을 지나쳐버리면 기억에만 남고, 아무리 힘든 일도 그 순간을 온전히 살아냈다면 언젠가 빛이 된다. 그럴진데 마음이 늘 과거나 미래로 흩어져 있으면, 지금 내 앞에 놓인 것들이 선명하게 보이겠는가.

불교에서 말하는 수행의 시작은 '지금 이 순간을 알아차리는 것'이다. 지난 일을 되짚는 것도, 아직 오지 않은 미래를 준비하는 것도 중요하지만, 가장 중요한 자리는 언제나 '지금, 여기'이다.

그럼에도 우리는 현재를 '지나가는 과정'쯤으로 여기고 살아간다. '지금은 좀 힘들어도 참고 견디면 나아지겠지', '지금은 이런 모습이지만 언젠가는 괜찮아질 거야' 같은 생각들이 마음의 버릇처럼 붙어 있으면, 현재를 있는 그대로 마주할 수 없다.

물론 누구나 다 오늘보단 내일을, 지금보단 언젠가를 꿈꾸며 산다. 미래를 위해 오늘을 버티는 삶이 익숙하니까. 그런데 자꾸 그렇게 '지금'을 미루다 보면, 결국 늘 무언가를 기다리는 마음으로 하루를 보내게 된다. 좋은 날이 오기를, 여유가 생기기를, 내가 조금 더 나아지기를, 누군가가 달라지기를…. 하지만 그 기다림 속에 정작 나 자신은 머물지 못하고, 늘 어딘가로 향하는 중이라는 느낌만 남는다.

그래서 지금 이 순간, 그대로의 나를 인정해 주는 일이 중요하다. 지금 내가 부족하더라도, 지금 내 삶이 흐트러져 있더라도, 지금의 나에게 할 수 있는 말은 "이대로도 괜찮아!"라는 문장이다.

불교에서는 모든 것은 그대로 존재할 이유가 있다고 말한다. 있는 그대로의 나, 있는 그대로의 감정, 지금의 삶의 모양도 다 그 자체로 의미가 있다는 말이다. 아무것도 바꾸지 않고 온전히 바라볼 수 있다면, 그 순간 우리는 스스로를 있는 그대로 받아들이는 힘을 얻게 된다.

한 호흡 멈추고, 지금 이 순간 나에게 집중해 보자. 지금 느껴지는 감정이 무엇인지, 지금 내 몸은 어떤 상태인지, 지금의 나는 무엇을 필요로 하는지…. 그냥 들여다보는 것만으로도 마음은 한층 고요해진다. 자꾸 뭔가 더 해야 할 것 같을 때, 잠시 멈추고 지금 있는 자리를 인식하는 연습을 해보자.

지금 내가 앉아 있는 이 자리가 바로 수행의 자리이고, 지금 내가 숨 쉬고 있는 이 순간이 바로 수행의 시간이다. 특별한 장소나 도구도 필요하지 않다. 마음만 지금 이 순간을 향해 있으면 된다. 그러다 보면 자연스레 보이는 것들이 생긴다. 내가 놓치고 있던 작은 평온, 무심코 지나치던 감사함, 지금 이대로 충분한 내 존재감….

우리는 늘 뭔가를 바꾸려 하고 더 나은 모습을 기대하지만, 때로는 아무것도 바꾸지 않은 상태에서 머무는 일이 가장 큰 변화의 시작이 되기도 한다. 지금 이 순간의 나를 있는 그대로 바라보는 일이야말로 마음 수련의 첫 걸음이고, 그 한 걸음이 쌓여 나를 진짜 나에게로 데려다준다.

그러니 하루 중 단 몇 분이라도 아무것도 하지 말고, 그냥 조용히 앉아서 나의 현재를 느껴 보자. 숨이 오고 가는 감각, 앉아 있는 자세, 지금 떠오르는 생각이나 감정, 모든 것을 판단하지 않고 바라보는 시간…. 그렇게 지금 여기에서 머물 줄 아는 마음이 결국 삶 전체를 바꾸는 가장 단단한 기반이 되어줄 것이다.

비우는 것이
채우는 길

우리는 점점 더 많은 것들을 가지려고 애쓴다. 지식도, 감정도, 사람도, 물건도, 경험도…. 나라는 존재를 더 뚜렷이 만들기 위해 혹은 허전한 마음을 무언가로 채우기 위해 끊임없이 더 많은 것을 소유하려 든다. 마치 무언가를 끊임없이 축적해 나가야만 내가 더 단단해지는 것처럼, 더 나아지는 것처럼 느낀다. 그래서 일도 더 열심히 하고, 인간관계도 더 넓히고, 시간도 더 바쁘게 채우고, 심지어 쉴 때마저도 시간을 알차게 써야 한다는 강박에 시달린다. 텅 빈 상태는 어쩐지 불안하게 느껴지고, 비어 있는 마음은 약하고 불완전하다고 생각한다.

하지만 불교에서는 그 반대의 길을 이야기한다. 비우는 것이 곧 채우는 길이고, 더 많이 가지는 것이 아니라 불필요한 것을 덜어내는 것이 진짜 채움이라고 말한다. 텅 빈 그릇에만 물을 담을 수 있듯, 마음 역시 공간이 있어야 새로운 것을 받아들일 수 있다. 이미 가득 찬 마음에는 아무리 좋은 가르침도, 위로도, 평온도 들어갈 틈이 없다. 오히려 마음에 쌓아놓은 감정, 기억, 기대, 미련, 집착 때문에 더 무겁고 복잡한 상태로 살아가게 된다.

비운다는 건 단순히 포기하거나 버린다는 뜻이 아니다. 그건 선택이다. 지금 나에게 정말 필요한 것이 무엇인지 조용히 들여다보는 시간이고, 불필요한 것들로부터 나를 자유롭게 해주는 행위이다. 예를 들어, 오랜 시간 품고 있던 미움이나 원망, 인식하지 못한 채 쌓여 있었던 자책 같은 감정들은 마음 안에 오래 머물며 점점 무게를 더한다. 그 감정들을 가만히 들여다보고 지금의 나에게 더 이상 도움이 되지 않는다는 걸 깨닫게 될 때, 우리는 비로소 그 감정들을 놓아줄 수 있게 된다.

그 놓아줌이 바로 비움이고, 그 비움이 결국은 나를 다시 숨 쉬게 한다. 꽉 막혀 있던 감정이 빠져나가고, 무겁게 짓눌려 있던 마음이 조금씩 가벼워지면서 우리는 진짜로 필요한 감정을, 따뜻한 관계를, 나다운 생각을 마음 안에 들일 수 있게 된다.

불교에는 '공空'이라는 개념이 있는데, 이때의 '공'은 아무것도 없다는 뜻이 아니다. 모든 것이 고정되어 있지 않고 비어 있음으로써 '무엇이든 될 수 있다'는 가능성의 공간이다. 비운다는 건 곧 새롭게 채울 수 있다는 뜻이고, 또 다른 가능성을 받아들일 수 있는 여백을 만드는 일이다.

우리 삶도 마찬가지다. 너무 많은 계획, 너무 많은 걱정, 너무 많은 기준, 너무 많은 비교 속에 살아가다 보면 정작 지금 나에게 중요한 건 보이지 않게 된다. 매일 뭔가를 더하려 애쓰기보다, 지금 나에게 불필요한 게 무엇인지 묻는 연습이 필요하다. 오늘 하루가 어지럽고 복잡하게 느껴진다면, 어쩌면 비워야 할 것이 마음 안에 가득 차 있다는 신호일지 모른다.

비우는 것은 절대 손해 보는 일이 아니다. 오히려 내 마음에 여유와 평온을 되찾아주는 가장 좋은 방법이다. 비움은 거창한 행동이 아니라, 아주 사소한 데서부터 시작할 수 있다. 너무 많은 일정에서 한 가지를 덜어내는 것, 정리되지 않은 감정 중 하나를 내려놓는 것, 내 마음을 괴롭히는 생각 한 줄을 놓아주는 것…. 그런 작은 비움들이 쌓여 내 삶의 숨통을 틔워주고, 마음에 맑은 바람을 불어넣어준다.

비움이 채움이 되는 이유는, 우리가 찾고 있는 삶은 더 많이가 아니라 더 가볍게, 더 화려하게가 아니라 더 진솔하게 살아가는 일이기 때문이다. 삶이 버거워질수록, 마음이 복잡해질수록, 잠시 멈추고 가만히 들여다보는 일이 필요하다. 내가 지금 쥐고 있는 것들이 정말 나를 위한 것인지, 그 감정이 아직도 남아 있어야 할 이유가 있는지, 내가 품고 있는 생각들이 지금의 나를 자유롭게 해주는지 물어보자.

불교의 가르침은 늘 조용하고 단순하지만, 마음의 근본을 건드리는 힘이 있다. 뭔가를 더 하고, 더 이루고, 더 가지려는 마음에 집중한 나머지, 우리는 이미 내 안에 있는 불필요한 것들을 정리하는 일에는 인색하다. 하지만 진짜 깊은 평온은 비움에서 온다. 그 비움은 나를 텅 빈 사람이 아니라 단단한 사람으로 만들어준다. 아무것도 없는 사람이 아니라 필요한 것만 지니고 있는 사람으로 만들어준다.

그러니 오늘은 가만히 마음을 들여다보며 묻는 시간을 가져보자. 내가 너무 많이 가진 것은 무엇인지, 무엇을 내려놓을 수 있는지…. 그리고 하나만 비워 보자. 오늘 그 하나의 비움이 내일의 나를 좀 더 가볍고 평온한 사람으로 이끌어줄지 모른다.

아무것도
하지 않아도 괜찮아

우리는 너무 많은 것을 해야만 한다고 느끼며 살아가고 있다. 눈을 뜨면서 오늘 해야 할 일에 대한 생각이 자연스럽게 머리를 채우고, 그 생각으로 마음이 바빠진다. 조금이라도 멈춰 있으면 왠지 뒤처지는 것 같고, 시간을 헛되이 쓰는 건 아닐까 스스로를 다그치게 된다. 그래서 늘 무언가를 하고 있어야 안심이 되고, 무엇을 하지 않으면 시간을 그저 낭비하는 것처럼 느껴진다.

하지만 그런 마음의 흐름 속에서 진짜 내 마음은 쉬고 있는 걸까? 그저 계속해서 무언가를 채우고, 쌓고, 움직이는 일로 피로를 가리며 살아가는 건 아닐까?

불교에는 '무위無爲'라는 개념이 있다. 아무것도 하지 않는 상태를 의미하는 말이지만, 결코 무의미하거나 무기력한 상태를 뜻하지 않는다. 오히려 마음이 가장 깊고 넓게 깨어 있는 상태, 있는 그대로를 받아들이며 억지로 변화시키지 않으려는 가장 자연스러운 마음의 작용을 말한다. 우리는 종종 '아무것도 하지 않는 시간'을 무가치하게 여기지만, 실은 그 시간이야말로 내면이 가장 고요해지고 진짜 나를 마주할 수 있는 순간이다.

아무것도 하지 않는다는 건 단지 물리적인 정지를 말하는 게 아니다. 지금 이 순간 내 마음을 괴롭히는 생각과 감정을 굳이 바꾸려 하지 않고, 그저 바라보고 받아들이는 태도이다. 나를 채찍질하듯 몰아세우는 습관에서 잠시 벗어나, 그저 있는 그대로의 나로 있는 연습을 해보자. 겉으로야 아무 일도 하지 않는 것처럼 보일지 몰라도, 내면에서는 아주 중요한 전환이 일어나고 있는 시간일 수 있다.

누군가는 "아무것도 하지 않고 있으면 인생이 멈춰버리는 거 아냐?"라고 말할지도 모르겠다. 하지만 우리가 진짜 멈춰야 하는 건 바깥이 아니라 마음의 소음이다. 아무것도 하지 않는 순간, 우리는 외부의 자극에서 한 걸음 물러서서 비로소 내면의 소리를 들을 수 있다. 바쁘게 달리는 동안에는 들리지 않던 내 안의 작은 신호들… 지쳤다는 말, 힘들다는 신호, 지금은 멈추고 싶다는 마음의 진실들이 조용히 떠오르기 시작한다.

불교에서는 '마음은 그 자체로 완전하다'라고 이야기한다. 무엇을 이루었는가보다 지금 이 순간의 마음 상태가 더 중요하고, 무엇을 하느냐보다 어떻게 존재하고 있느냐가 중요하다는 말이다. 아무것도 하지 않는 그 시간에도, 나의 존재는 결코 줄어들거나 작아지지 않는다. 도리어 그 고요한 자리에서 우리는 자신을 더 분명히, 더 정직하게 마주하게 된다.

늘 무언가를 하지 않아도 괜찮은 날이 있어야 한다. 아무 목적도 없이 걷는 산책, 아무 생각 없이 바라보는 하늘, 의미 없이 멍하니 앉아 있는 시간… 그런 시간들 속에서 우리는 마음이 다시 숨 쉬는 법을 배운다. 마음은 쉼 없이 달리기만 해서는 회복될 수 없다. 쉬는 법을 잊은 마음은 쉽게 지치고, 감정의 변화를 따라가지 못하고, 어느 순간 갑자기 무너져버릴 수 있다.

그러니 아무것도 하지 않는 시간을 두려워하지 말자. 오히려 기꺼이 그 시간을 품어주자. 아무 일도 하지 않는 지금 이 순간에도 내 존재는 분명히 이 자리에 있고, 그 자체로 소중하다는 사실을 잊지 말자. 때로는 그 시간이야말로 마음이 가장 깊게 성장하는 시간이 된다.

일상의 한가운데에서 문득 아무것도 하고 싶지 않을 때가 있다면, 그건 게으른 게 아니라 내면이 쉬고 싶다는 신호이다. 자꾸만 자신을 다그치고 밀어붙이는 삶에서 잠시 물러서서, 아무것도 하지 않으며 나를 살피는 시간이 꼭 필요할 때가 있다.

당신이 아무것도 하지 않고 있는 시간에도 세상은 그대로 돌아가고, 당신은 여전히 소중하고, 삶은 또 다른 방식으로 당신을 끌어안고 있다. 그러니 아무것도 하지 않아도 괜찮다고 자신에게 다정하게 말해주자. 아무것도 하지 않는 것은 결코 시간 낭비가 아니라, 다시 나를 살아가게 하는 가장 순한 회복의 시간이니까.

숨이 알려주는
나의 상태

우리는 하루에도 수만 번 숨을 쉬지만 그 사실을 자주 잊고 산다. 너무 당연하고 익숙해서 그 존재를 의식하지 못한다. 하지만 숨은 참 솔직한 존재다. 마음이 급하면 숨도 짧아지고, 불안할 땐 숨이 가빠지며, 마음이 고요해지면 숨도 자연스레 부드러워진다.

몸이 아프고 불편해도 숨쉬기가 쉽지 않다. 겉으로 드러나지 않더라도, 숨은 내 마음과 몸의 상태를 말해주는 정직한 바로미터가 된다. 편안하고 안정된 숨을 통하여 몸과 마음이 열려 자신이 먼저 온전해지면, 주변과도 교류·공감·소통함으로써 더불어 공존하기에 온전한 삶을 살아가게 된다. 그래서 불교에서는 숨을 바라보는 일이 수행의 시작이자 중심이라고 하는 것이다.

숨은 늘 지금 이 순간을 살고 있다. 과거에도 머물 수 없고, 미래로 앞서갈 수도 없다. 그러므로 숨을 바라보는 일은, 그 자체로 현실적·구체적·실질적인 숨이 되어 현재의 나에게 귀 기울이는 일이 된다. 복잡한 생각을 정리하려 애쓰기보다, 그저 조용히 숨을 들이마시고 내쉬는 일에 집중해 보라. 마음이 어지러울수록, 몸이 지칠수록, 불안이 올라올수록, 생각의 실타래를 푸는 것보다 먼저 숨을 바라보는 게 도움이 된다.

깊은 숨을 천천히 들이쉬고 내쉬다 보면 내 안의 긴장이 어디에 머물러 있는지 조금씩 보이게 된다. 가슴이 조여 오던 감정, 배가 답답했던 걱정, 어깨에 얹힌 무거운 책임감, 턱에 남아 있던 작은 분노…. 숨이 흘러가는 길을 따라 몸을 들여다보는 것만으로도 우리는 마음의 지도를 그릴 수 있다. 지금 이 숨이 편안한지 불안한지, 막혀 있는지 흐르는지…. 그렇게 숨의 감각을 따라가다 보면, 내가 진짜 무엇을 느끼고 있었는지 알아차리게 된다.

불교에서는 호흡을 관觀하는 수행을 '수식관數息觀'이라고 한다. 숫자를 세며 숨을 들이쉬고 내쉬는 단순한 연습이 마음을 고요하게 만든다. 처음에는 쉬운 것 같아도, 해보면 금세 딴생각이 따라붙고 집중이 흐트러지곤 한다. 하지만 그런 순간도 괜찮다.

숨은 언제나 다시 돌아올 수 있는 자리에 있으니까. 아무리 생각이 복잡하고 감정이 요동쳐도, 숨은 나를 떠나지 않고 늘 이 자리에 머물러 있으니까.

우리는 마음이 어지러울 때 무언가를 하려고 한다. 달리거나 말하거나 풀어 보려고 애쓴다. 그런데 숨을 바라보는 일은 오히려 멈추는 연습이다. 더 이상 감정을 붙잡지도 않고, 생각을 억누르지도 않고, 그냥 그 상태 그대로 숨과 함께 머무는 거다. 처음엔 어색하고 낯설 수 있다. '이게 무슨 도움이 될까' 싶기도 하겠지만, 몇 번이고 되풀이하다 보면 마음이 아주 조금씩, 조용히 가라앉는 걸 느낄 수 있다.

특별한 장소도, 도구도 필요 없다. 그저 지금 이 자리에서 조용히 앉아, 내 숨이 어디로 향하는지를 바라보자. 들숨이 코끝을 지나 가슴으로 내려가고, 날숨이 배를 스치며 나가는 길을 따라가 보자. 지금 이 숨이 조금 빠르다면 그건 마음이 조급하다는 신호이고, 숨이 얕고 짧다면 마음이 긴장하고 있다는 뜻이다. 내 숨을 살피는 일은 곧 내 마음을 살피는 일이다.

이 단순한 행위는 바쁘고 복잡한 시간 속에서 나를 중심으로 되돌려주는 닻 같은 역할을 한다. 외부의 소음에 끌려가기 쉬운 마음이 다시 내 안으로 돌아오는 순간이다. 숨은 나를 숨기지 않는다. 오히려 있는 그대로의 나를 보여주는 가장 정직한 길이다. 나에게로 떠나는 진정한 여행이다.

마음이 복잡한 날일수록 숨을 먼저 바라보자. 누구에게도 설명할 수 없는 감정이 일 때, 스스로도 이해할 수 없는 기분에 빠져들 때, 말로 풀 수 없는 생각이 머리를 떠나지 않을 때… 그 어떤 설명도 없이 숨만 바라보면, 그 고요한 시간 속에서 마음은 서서히 제자리를 찾아간다. 숨을 쉬는 것 자체가 휴식을 취하는 것이기도 하다. 한자로 보아도, 휴식休息은 사람이 나무에 기대어[休] 숨을 쉬는 것[息]이지 않은가.

숨은 아무 말도 하지 않지만, 내 마음의 언어를 대신한다. 그리고 언제나 내 곁에 있다. 숨을 인식하는 순간, 지금 이 자리로 돌아오는 연습을 하는 순간, 우리는 조금 더 단단한 사람으로 성장할 수 있다.

모든 것이 그러하듯 숨도 정성을 들이는 만큼 자신이 느끼며, 느끼고 경험하는 만큼 자신에게 더 다가가게 된다. 숨으로 자신과의 진정한 만남이 이루어지면 진솔하고 온전한 자신이 된다.

2장

고요함을 길들이는 시간

고요는 만드는 게 아니라 허락해 주는 것

불교에서 말하는 고요는
단지 소리가 없는 상태를 뜻하지 않는다.
바깥이 아무리 소란스러워도
내 안의 중심이 흔들리지 않는 것,
그 어떤 자극에도 내 마음이
필요 이상으로 출렁이지 않는 것이 진짜 고요이다.
그리고 그 고요는 타고나는 것이 아니라
연습으로 만들어진다.
의도적으로 조용한 자리를 만들고,
스스로에게 잠깐의 틈을 허락하고,
그 틈 속에서 나를 바라보는 일을 반복하는 것.
그것이 바로 고요를 삶의 일부로 데려오는
가장 단순하고 꾸준한 방법이다.

바람은 멈추지 않지만
나무는 흔들림을 배운다

살다 보면 바람 부는 날이 참 많다. 예고 없이 찾아오는 바람도 있고, 오래전부터 불고 있었는데 이제야 그 세기를 깨닫게 되는 바람도 있다. 나를 아주 멀리까지 데려가주는 황홀한 바람도 있지만, 내가 서 있는 자리를 위태롭게 뒤흔드는 바람도 있다. 내 자리가 흔들릴 때 우리는 이 흔들림이 멈추기를, 이 불안과 고통이 그치기를 간절히 바라지만, 세상의 바람은 우리가 원하는 대로 움직여주지 않는다.

불교에서는 세상의 흐름과 조건을 '인연'이라 부른다. 나 혼자의 의지만으로는 조절할 수 없는 수많은 외부의 원인과 상황들이 엮여 지금 이 순간의 삶을 이루고 있다. 그러니 바람이 부는 건 그저 자연의 일부와 같은 것일 뿐 내 뜻이나 잘못이 아니다. 내가 부족하거나 잘못해서 고통이 생기는 게 아니라, 삶이 나에게 보내는 하나의 흐름일 뿐이다.

중요한 건 바람을 없애는 게 아니라, 그 바람 속에서도 내가 어떻게 흔들릴지를 배우는 일이다. 나무를 떠올려 보면 알 수 있다. 바람이 세게 불 때 나무는 꺾이지 않으려고 애쓰지 않는다. 부드럽게 흔들리며 바람에 몸을 맡기면서도 뿌리는 단단히 땅을 붙잡고 있다. 그 어떤 바람에도 흔들리지 않도록 끊임없이 버티고 있는 것이다.

우리가 마음을 다스리는 것도 마찬가지이다. 바람이 불 때마다 넘어지지 않기 위해서는, 나도 내 안에 깊은 뿌리를 내려야 한다. 그 뿌리는 다름 아닌 나의 '마음'이다. 생각과 감정, 선택과 경험을 통해 다져진 나만의 중심. 그 중심이 단단히 자리를 잡고 있다면, 바람은 나를 흔들 수는 있어도 쓰러뜨리지는 못한다.

물론 그 중심은 저절로 생기지 않는다. 바람을 겪으며 만들어지는 것이다. 첫 번째 바람에 흔들렸을 때는 당황하지만, 두 번째 바람이 왔을 땐 조금 덜 놀라고, 세 번째 바람 앞에서는 비로소 나를 다잡는 법을 배운다. 그렇게 우리는 흔들리면서 배우고, 흔들리면서 단단해진다. 그리고 어느 순간, 바람은 멈추지 않아도 내가 흔들리는 방식은 달라질 수 있다는 것을 알게 된다.

불교에서는 '수용'이라는 태도를 강조한다. 삶의 모든 흐름을 통제하려 하기보다 있는 그대로 받아들이고, 그 안에서 길을 찾는 연습이다. 고요한 날에도 나를 지키고, 거센 바람 속에서도 나를 잃지 않는 마음…. 그건 단단한 돌처럼 버티는 것이 아니라, 부드럽게 흐르며 중심을 지키는 일이다.

나도 그랬다. 마음이 자주 흔들릴 때마다 '나는 왜 이렇게 약하지?', '왜 나는 이렇게 쉽게 휘청거릴까?' 자책하곤 했다. 그런데 그건 약한 게 아니라 살아 있는 증거라는 걸 나중에야 알게 되었다. 바람이 불 때 흔들리는 건 자연스러운 일이다. 오히려 아무런 흔들림 없이 고집스럽게 버틴다면, 마음은 더 빨리 부서졌을지 모른다. 때때로 삶은 나에게 이런 질문을 던진다.

"너는 이 바람 앞에서 어떻게 설 것인가?"

"무엇을 붙잡고 견뎌낼 것인가?"

그 물음에 답을 찾는 시간들이 쌓여서 결국 나라는 사람을 만들어 간다. 그러니 바람이 올 때마다 너무 두려워하지 말자. 그 바람이 지나고 나면, 분명 당신 안에 새로운 균형이 자리를 잡게 될 테니까.

흔들림은 삶의 일부이다. 완벽한 평온은 존재하지 않는다. 그러니 지금 당신의 마음이 흔들리고 있다면, 그것은 성장하고 있다는 뜻일 게다. 바람은 늘 우리를 시험하지만, 동시에 우리를 단단하게 만들어주니까.

그러니 지금 이 바람 속에서 조용히 다짐해 보자. 나는 흔들릴 수 있고, 흔들리면서도 나 자신을 지킬 수 있다고….

조용한 새벽 5분,
나를 만나는 시간

하루 중 가장 고요한 시간은 언제일까? 사람마다 다르겠지만, 나는 아직 세상이 완전히 깨어나지 않은 이른 새벽이 아닐까 싶다. 대부분이 잠들어 있는 그 시간, 자신의 내면과 가장 깊이 만날 수 있다. 그 새벽의 고요함은 마음의 먼지를 천천히 가라앉히듯 어지럽고 흐릿했던 생각들을 잠시 멈추게 하고, 내 안의 목소리를 들을 수 있게 만들어준다.

불교에서는 '관觀'이라는 말을 자주 쓴다. '관'은 바라본다는 뜻이지만, 단순히 눈으로 본다는 의미를 넘어서 있는 그대로 깊이 들여다보는 행위를 말한다. 우리는 하루 종일 많은 것을 보지만, 정작 자신을 들여다보는 일에는 익숙하지 않다. 바쁘게 살아가다 보면 내 마음이 어떤 상태인지, 어떤 감정이 떠올랐는지조차 인식하지 못한 채 흘려버리게 된다. 그래서 더더욱, 아무것도 하지 않는 조용한 새벽 5분이 소중하다. 그 시간 동안만이라도 '지금 나는 어떤 상태인가'를 묻는 연습을 하다 보면, 조금씩 더 나에게 친절해질 수 있다.

아무도 방해하지 않는 시간, 소음도 정보도 없는 그 틈새는 오직 나만 존재하는 시간이다. 불도 켜지 않은 채 조용히 앉아 숨을 들이쉬고 내쉬는 것이 처음에는 어색하게 느껴질 수도 있다. 멈춰 있는 것이 익숙하지 않아서, 무언가를 하지 않으면 초조해져서, 또는 그렇게 가만히 있으면 그동안 눌러 왔던 감정들이 튀어나올까 봐 두려워서…. 하지만 그 엉킨 마음이 풀어지고 나면, 새벽은 나를 어루만져주듯 조금씩 마음의 결을 편안하게 풀어주기 시작한다.

불교에서는 '무위無爲'의 시간을 중요시 여긴다. 아무것도 하지 않는 시간 속에서 삶의 본질과 마주한다는 뜻이다. 우리는 늘 무언가를 하면서 존재를 증명하려고 한다. 어떤 일을 했고, 어떤 결과를 냈고, 얼마나 바쁘게 지냈는지로 하루를 평가하고 자신을 판단한다. 하지만 새벽의 고요함은 그런 '성과'가 아닌 '존재 자체'에 귀를 기울이게 한다. 지금 아무것도 하지 않아도 괜찮다는 감각. 그 자체로 이미 살아 있고, 숨 쉬고 있다는 사실 하나만으로도 충분하다는 다정한 확신.

새벽 5분 동안 우리는 마음을 내려놓을 수 있다. 어제 있었던 일에 대한 후회도, 오늘 해야 할 일에 대한 걱정도, 내일을 향한 불안에서도 한 발 물러나, 오직 지금 이 순간에 집중할 수 있게 된다. 그 고요함 속에서 스스로에게 물어보라. 오늘은 어떤 하루가 될까, 나는 어떤 마음으로 살아가고 싶은가. 물론 그 물음은 답을 찾지 않아도 된다. 그저 묻는 행위 자체가 나를 다시 나에게로 데려다주는 길이 되기 때문이다.

마음은 바쁘고 분주할수록 자신을 잃어버린다. 하루를 시작하자마자 스마트폰 먼저 들여다보고, 머릿속으로 해야 할 일을 정리하며 시간에 쫓기듯 움직이다 보면, 어느새 '나'는 사라지고 역할과 의무만 남게 된다. 그래서 하루의 시작, 가장 맑고 깨끗한 그 새벽에 나를 먼저 만나야 한다. 아직 아무 일도 일어나지 않았고, 아직 누구도 나를 요구하지 않은 그 시간이야말로 가장 순수하고 가장 나다운 상태이니 말이다.

그 시간엔 꼭 뭔가를 하지 않아도 된다. 책을 읽지 않아도, 글을 쓰지 않아도, 명상을 하지 않아도 된다. 그냥 조용히 나와 함께 있어주자. 차 한 잔을 천천히 마시거나, 창밖을 멍하니 바라보거나, 눈을 감고 숨을 느끼는 것만으로 충분하다. 그런 작은 행위들이 쌓여 어느 순간 내 마음의 습관이 되고, 그 습관은 하루를 견디는 힘이 된다.

불교에는 '처처불상處處佛像'이라는 말이 있다. '모든 곳에 부처가 있다'는 뜻이지만, 그 말 속에는 '우리 삶의 모든 순간이 수행이 될 수 있다'는 의미도 담겨 있다. 새벽 5분, 그 짧고도 조용한 시간은 어쩌면 가장 사적인 수행의 시간이자, 나를 가장 깊이 있게 만나는 예불의 시간일지 모른다.

바쁘고 시끄러운 하루 속에서도, 마음이 흔들리고 지치는 날에도, 그 새벽의 5분을 기억한다면 우리는 다시 마음의 중심으로 돌아올 수 있다. 새벽의 5분은 대단한 수행도 아니고 그저 하루의 처음에 나를 안아주는 작은 의식일 뿐이지만, 그 의식 하나가 하루 전체의 흐름을 바꾸기도 한다.

그러니 그 새벽의 고요함을 나에게 선물해 주기 바란다. 조용한 시간 속에서 만나는 나는, 언제나 그 자리에 그대로 있는, 다정하고 단단한 나일 테니까.

번잡한 세상에서
고요한 섬 만들기

요즘은 어디를 가든, 무엇을 하든, 마음이 쉬어갈 틈이 별로 없는 것 같다. 하루가 멀다 하고 벌어지는 사건사고에 스마트폰만 열면 온갖 소식이 쏟아지니, 사람들과의 대화도 어느새 정보와 감정의 교환이 되어버렸다. 바깥 세상이 점점 더 시끄러워지기 때문일까? 조용히 숨 쉬고 싶은 마음은 자꾸만 눌리고 밀려난다. 나조차도 내가 어떤 감정을 품고 있었는지 잊은 채 하루하루를 지나쳐버릴 때, 마음 한구석엔 알 수 없는 피로감과 텅 빈 허전함이 쌓여간다.

불교에서는 마음을 '물결'에 비유하곤 한다. 고요한 물에는 세상의 풍경이 그대로 비치지만, 파도가 치면 그 어떤 것도 제대로

볼 수 없다. 우리 마음도 마찬가지다. 바깥 자극에 휘둘리고, 수많은 감정과 생각이 밀려들 때는 내 안을 제대로 들여다볼 수 없다. 그래서 번잡한 세상일수록 우리는 스스로를 위한 고요한 공간을 만들어야 한다. 내가 나에게 허락하는 조용한 섬, 그 작은 마음의 안식처 하나쯤은 스스로 마련해야 한다.

그 고요한 섬은 거창할 필요도 없다. 특별한 명상 공간이 아니어도 된다. 조용한 음악 한 곡을 듣는 순간일 수도 있고, 차 한 잔을 천천히 마시는 시간이 될 수도 있다. 혹은 오롯이 나 자신과 함께 있는 몇 분의 산책, 그저 가만히 창밖을 바라보며 내 마음의 움직임을 들여다보는 시간일 수도 있다. 중요한 건, 세상이 아무리 바쁘고 시끄러워도 내 마음만큼은 조용히 숨 쉴 수 있는 자리를 내어주는 일이다.

나는 하루 중 한두 번, 짧게라도 그런 시간을 만들려고 한다. 일이 많고 정신없는 날일수록 더 의도적으로 '잠깐 멈추는 시간'을 가진다. 짧은 숨 고르기처럼 아무 말도 하지 않고, 생각도 줄이고, 그저 앉아서 지금 이 순간에 집중하는 것이다.

처음엔 정말 쉽지 않다. 몸은 멈췄는데 머리는 여전히 바쁘고, 온갖 생각이 떠올라 마음은 더 소란스러워지기도 한다. 그런데 이상하게도 그런 소란스러움도 그대로 두고 바라보다 보면 아주 조용한 틈이 생긴다. 파도가 잠시 멈추는 순간처럼 마음에 작은 평온이 찾아온다.

불교에서 말하는 고요는 단지 소리가 없는 상태를 뜻하지 만 않는다. 바깥이 아무리 소란스러워도 내 안의 중심이 흔들리지 않는 것, 그 어떤 자극에도 내 마음이 필요 이상으로 출렁이지 않는 것이 진짜 고요이다. 그리고 그 고요는 타고나는 것이 아니라 연습으로 만들어진다. 의도적으로 조용한 자리를 만들고, 스스로에게 잠깐의 틈을 허락하고, 그 틈 속에서 나를 바라보는 일을 반복하는 것. 그것이 바로 고요를 삶의 일부로 데려오는 가장 단순하고 꾸준한 방법이다.

세상은 앞으로도 계속 복잡하고 바쁠 것이다. 정보는 더 많아지고, 사람들의 관계 또한 어떻게 변할지 모른다. 하지만 그 속에서도 내가 나를 잃지 않고 살아가기 위해서는, 반드시 그 속에서 벗어날 수 있는 나만의 '섬'을 가져야 한다.

그 섬은 마음먹는 순간 곧바로 찾아갈 수 있는 자리를 말한다. 단지 몇 분의 고요함, 말 한마디 없는 짧은 그 순간이 오아시스처럼 소중하다.

불교의 선禪은 바로 그런 순간에서 시작된다. 가부좌를 틀고 앉아서 무념무상에 도달하려 애쓰기보다, 지금 이 삶의 한복판에서 잠시 멈추고 조용히 내 마음을 바라볼 수 있는 섬에 가자. 고요한 섬은 멀리 있지 않다. 단지 내가 그곳으로 가겠다고 마음먹는 순간 닿으며, 그 섬에서 우리는 다시 숨 쉴 수 있게 된다.

그러니 꼭 바쁘지 않더라도, 특별히 힘든 일이 없더라도, 마음속에 조용한 섬 하나 만들어 보자. 아무도 침범하지 못하는 시간 속에서만 들을 수 있는 당신 마음의 진짜 소리를 놓치지 않도록 말이다.

세상이 아무리 요란해도 나를 지키며 살아갈 수 있다. 고요함은 멀리 있지 않다. 다만, 우리가 잊고 있었을 뿐이다.

고요함 속의
울림

사람들은 소리를 통해 마음을 위로받곤 한다. 음악을 듣거나, 누군가의 다정한 목소리에 기대거나, 자연의 바람소리나 빗소리에도 마음이 풀어질 때가 있다. 그런데 어떤 소리보다 깊고 잔잔하게 마음을 울리는 것은 사실 '고요함' 속에서 들리는 소리다. 아무런 말도 없고 음악도 없는데, 마음 깊은 곳에서 문득 울려오는 어떤 감각. 그것은 마치 내면에서 아주 오래전부터 나를 기다리고 있던 메시지처럼 다가온다.

불교에서 말하는 '진리는 말로 설명할 수 없다'라는 말도 그런 울림을 가리키는 것 같다. 고요 속에서 문득 다가오는 깨달음과 한 줄기 통찰은, 떠들썩한 순간이 아니라 조용한 틈 속에서야 비로소 우리에게 말을 건넨다.

세상이 바쁠수록 우리는 더 큰 자극을 원한다. 마음이 허할수록 뭔가를 더 듣고, 보고, 확인하고 싶어진다. 하지만 그렇게 쉴 새 없이 이어지는 자극 속에서는 내면의 울림을 들을 수 없다. 오히려 모든 소음을 걷어내고 한없이 조용해졌을 때, 마음은 자기 안의 울림을 들을 준비를 하게 된다.

불교에서 '묵조선黙照禪'이라고 하는 수행이 있다. 말없이 조용히, 다만 바라보는 선의 수행을 말한다. 그 어떤 가르침도 말로 설명하지 않고, 오직 고요 속에 앉아 스스로가 스스로를 비추어보는 방식이다. 처음엔 막막하고 아무것도 느껴지지 않지만, 그 침묵의 시간 속에서 삶은 아주 작고 조용한 목소리로 진짜 이야기를 시작한다.

나 역시 그런 순간을 경험한 적이 있다. 감정이 복잡하게 얽혀 아무리 말을 나누어도 풀리지 않는 생각들이 계속 맴돌고 있을 때, 우연히 혼자 산책길을 걷게 되었다. 아무 소리도 들리지 않았던 그 고요가 처음엔 불편했지만, 걷다 보니 점점 익숙해지고, 어느 순간 생각이 아니라 감각이 먼저 느껴지기 시작했다. 바람이 스치는 감촉, 햇살이 얼굴에 닿는 따뜻함, 나뭇잎이 바스락거리는 소리…. 아무것도 아닌 듯한 그 순간들이, 마음에 잔잔하게 번지며 나를 안아주는 듯했다. 말은 없었지만 분명한 울림이 있었고, 그 울림은 어느 말보다 깊게 나를 위로해 주었다.

사람들은 말로 먼저 표현하려 한다. 감정도 말로 풀고, 위로도 말로 건네고, 스스로에게조차 말로 설명하고 납득시켜야 안심이 된다. 그러나 때로는 말보다 더 깊고 정확한 것이 있다. 바로 고요함이다. 고요 속에 머물며, 아무런 의미도 만들지 않고 그저 있는 그대로를 느껴 보자. 바로 침묵의 치유다. 고요함은 답을 주지 않지만, 내 마음이 직접 답을 찾을 수 있도록 도와준다.

불교에서는 '법은 고요 속에서 스스로 드러난다'고 말한다. 깨달음이란 억지로 붙잡으려 하면 멀어지고, 오히려 내려놓고 비워낸 순간 스스로 내 안에서 떠오른다는 의미이다. 그래서 고요 속의 울림은 참 귀하다. 누구도 대신 들을 수 없고, 오직 나만이 느끼고 깨달을 수 있는 목소리이기 때문이다.

고요함 속에서 우리는 비로소 진짜 마음의 소리를 듣게 된다. 바쁜 하루, 쉴 틈 없는 관계 속에서 들리지 않던 진심이 모습을 드러낸다. 내가 무엇을 원하고, 무엇이 힘들었으며, 어디서부터 다시 시작하고 싶은지… 고요함은 그것들을 꺼내어 조용히 내 앞에

놓는다. 그리고 아무 말 없이 내 마음의 결을 다듬어준다. 눈에 보이지도 않고 소리로 들리지도 않지만, 그 울림은 마음에 오래 남는다. 마치 물 위에 퍼지는 잔물결처럼 아주 오래도록 흔들림을 남긴다.

오늘 하루 어딘가에 고요한 틈을 만들어 보자. 아무런 말 없이, 어떤 의식도 없이, 그냥 조용히 머물 수 있는 시간을 가져 보자. 그 시간 속에서 나의 마음은 다시 제자리를 찾고, 세상의 소음에 가려졌던 울림 하나가 천천히 마음 안으로 들어올 것이다. 그것은 오직 나만의 울림이고, 그 울림이야말로 내가 살아가는 이유가 될 수 있으므로….

화가 날 때
'하루 유예하기'

한 번쯤 이유 없이 욱할 때가 있다. 딱 꼬집어 어떤 이유가 있어서라기보다, 이미 누적된 피로감이나 마음속에 남아 있던 상처들이 무심코 건드려졌을 때, 그 순간의 감정을 참지 못하고 말이 툭 나가고 표정이 굳어지는 것이다. 순간의 감정으로 툭 튀어나왔지만, 한 번 내뱉은 말은 되돌릴 수 없다. 또 어떤 행동은 그 당시엔 속시원했지만 결국 내 마음을 더 불편하게 만들기도 한다. 화라는 감정은 참 빠르게 올라오지만, 그걸 다스리는 일은 참으로 어렵다.

불교에서는 감정을 억누르거나 부정하기보다 '있는 그대로 알아차리는 것'이 중요하다고 말한다. 화가 났을 때, '나는 지금 화가 났구나' 하고 그 감정을 알아차리는 것이 첫걸음이다. 단지 화가 났다는 사실을 인식하는 것만으로도 조금 덜 뜨겁고, 덜 무섭다. 감정은 마치 불같아서, 처음에는 강하게 타오르지만 시간이 지나면 자연스럽게 식는다. 문제는, 우리가 그 시간을 기다리지 못하고, 그 불을 그대로 들고 뛰어든다는 데 있다.

그래서 나는 화가 날 때 '하루 유예하기' 연습을 한다. 말 그대로 그 감정을 지금 바로 터뜨리지 않고 하루만 참아보는 것이다. 하루 뒤에도 여전히 그 말이 꼭 필요하다면, 그때 가서 말해도 늦지 않으니까. 실제로 하루가 지나면, 놀라울 만큼 감정의 온도가 바뀌어 있다. 그 당시 하고 싶었던 말은 꼭 하지 않아도 되고, 오히려 하지 않아서 다행이라고 생각하게 되는 경우도 많다.

물론 처음부터 그리하는 게 쉬웠다고는 말 못하겠다. 감정은 순간순간 내 안을 휘감고, 마치 지금 표현하지 않으면 견딜 수 없을 것처럼 강하게 밀려오니까. 하지만 그럴수록 '하루만 미뤄 보자'는 마음으로, 한 발짝만 물러서 보는 여유를 가져 보자.

하루를 유예하는 건 도망가는 게 아니다. 오히려 그 감정을 제대로 바라볼 시간을 스스로에게 주는 셈이다. 사실 화가 났을 때는 그 감정 뒤에 있는 진짜 마음을 자주 놓친다. 속상해서 화가 난 건지, 지쳐서 귀찮은 건지, 혹은 이해받지 못한 마음이 분노로 표현된 건지… 감정의 첫 반응만 가지고는 알기 어렵다. 하지만 하루가 지나고 나면 그 감정의 결이 조금씩 드러나기 시작한다.

'아, 내가 정말 원했던 건 사과가 아니라 공감이었구나.'

'내가 화난 게 아니라, 마음이 외로웠던 거였구나.'

불교에서 '성냄은 가장 빠른 독'이라고도 한다. 그만큼 화는 나를 먼저 해치고, 주변까지 상하게 만들 수 있는 감정을 만든다. 그런데 그걸 억지로 누르기만 하면 마음속에 응어리로 남고, 터뜨리면 또 후회가 남는다. 그래서 가장 건강한 방법은 '조금의 거리'를 두는 것이다. 감정과 나 사이의 거리, 반응과 표현 사이의 시간. 그 틈 하나가 삶을 훨씬 부드럽고 건강하게 만들어준다.

나도 예전에는 감정이 올라오면 바로 말로 표현하고, 화를 낸 다음에는 후회하고 자책하는 일이 많았다. 그런데 언젠가 한 스님께서 "행동이 되기 전에 감정을 지켜보는 법을 배우는 것이 곧 수행이다."라고 하신 말씀이 마음에 오래 남았다. 그 후로는 화가 날 때마다 무조건 한 번 더 숨을 쉬고, 하루만 지켜보기로 했다. 놀랍게도 그렇게 하루를 넘기고 나면 마음이 달라져 있었다. 감정의 불꽃은 금세 식고, 그 안에 있던 진짜 감정은 더 선명해졌다.

'하루 유예'는 결국 나를 지키는 일이다. 감정에 휘둘려 내가 원하지 않는 방향으로 행동하고, 그로 인해 관계가 틀어지고, 결국 나 자신에게 상처 남기는 걸 막는, 아주 사소하지만 소중한 마음의 연습이다. 그 하루는 나에게 다시 한 번 선택할 기회를 주고, 마음을 가다듬을 여유를 주고, 나의 진짜 말과 진짜 마음을 찾게 한다.

그러니 다음에 화가 날 때는, 그 감정을 부정하거나 억지로 눌러두지 말고 그저 하루만 미뤄 보자. '지금은 말하지 않아도 괜찮아', '내일의 나는 지금보다 더 부드러운 마음으로 이야기할 수 있을 거야' 하고 자신에게 말해 보는 것이다. 그 하루가 나를, 그리고 소중한 관계를 지켜줄 테니 말이다. 감정을 다스리는 일은 내가 나를 사랑하는 방법 중 하나다.

나를 위한
차 한 잔의 시간

그냥 아무것도 하지 않고 가만히 머무르고 싶은 순간이 있다. 누군가와 이야기하지 않아도 되고, 스마트폰을 확인하지 않아도 되며, 어떤 정보나 의미도 없이 그저 '존재하는 시간'을 갖고 싶어질 때가 있다. 그런 순간에 나는 대부분 차를 끓인다.

커피가 아닌, 진한 자극도 없고 향도 은은한 차 한 잔을 준비한다. 그 행위는 마치 내 마음을 데우고 정리하는 조용한 의식처럼 느껴진다. 우리는 늘 누군가를 위해 무언가를 준비하지만, 정작 '나'를 위한 차 한 잔의 시간에는 인색하다. 그런데 아주 단순하게 끓여낸 차 한 잔이, 마음을 다잡고 숨을 돌리는 데 얼마나 깊은 위로가 되는지 모른다.

불교에서는 차를 마시는 행위 자체를 수행의 한 방식으로 여긴다. '다선일여茶禪一如'라는 말이 있다. 차와 선은 그 본질이 같다는 뜻이다. 차를 마시는 그 과정에서 마음을 들여다보고, 차의 온도와 향을 통해 지금 이 순간에 머무는 연습을 하는 거다. 말 없이 잔을 들고, 천천히 향을 맡고, 입안 가득 그 온기를 느끼며 마신다. 이 단순한 행위가 마음의 안정을 가져다주는 이유는, 그 시간이 나를 오롯이 '지금'에 집중하게 만들기 때문이다.

차를 내릴 때 가장 먼저 해야 할 일은 물을 끓이는 것이다. 아무리 좋은 찻잎이 있어도 물이 준비되지 않으면 차는 태어나지 않으니까. 그 물 끓이는 소리, 주전자에서 김이 피어오르는 시간 같은 사소한 순간들이 이상하게도 마음을 고요하게 만든다. 거기엔 아무 긴장도 없고, 누구의 간섭도 없고, 단지 '지금 여기'에 존재하는 '나'만 있다.

물이 끓으면, 찻잎을 작은 다관에 담고 뜨거운 물을 붓는다. 찻잎이 천천히 풀리고 향이 피어나는 과정을 바라보는 것만으로도 바빴던 하루의 흐름이 조금씩 느려진다. 차를 우려내는 시간 동안 나는 그저 기다린다. 마음도 같이 가라앉는다. 그리고 잔에 차를 따를 때, 그 조심스러운 움직임에서 나를 위한 다정함이 느껴진다. 이 한 잔이 특별한 이유는, 누군가에게 보여주기 위함이나 어떤 목적도 없이 오직 나를 위한 시간이기 때문이다.

차를 마시는 동안 나는 아무 말도 하지 않는다. 그런데 그 침묵이 오히려 마음을 덮어주는 이불 같다. 복잡한 감정도, 쌓였던 생각도, 차의 따뜻한 온도에 조금씩 녹아내린다. 말하지 않아도 괜찮고, 답이 없어도 괜찮다. 차의 향기는 그런 나를 꾸짖지 않고, 판단하지 않는다. 그냥 있는 그대로를 받아준다. 그런 다정한 시간 속에서 나는 조금씩 나 자신과 가까워진다.

차를 마시는 시간이 늘 같지는 않다. 어떤 날은 눈물이 섞이고, 어떤 날은 고요함이 머무르고, 어떤 날은 그저 지친 몸을 잠시 쉬게 해주는 휴식일 뿐이기도 하다. 그래도 늘 이 자리에 나를 위해 준비된 찻잔 하나가 있다는 사실이 얼마나 큰 위로가 되는지 모른다. 바깥세상은 언제나 바쁘고, 사람들은 끊임없이 뭔가를 요구하지만, 이 차 한 잔의 시간만큼은 그 모든 것에서 잠시 벗어날 수 있다.

불교에서는 '마음은 쉴 곳이 필요하다'라고 말한다. 차를 마시는 시간은 단지 목을 축이는 행위가 아니라, 마음이 쉴 자리를 찾아가는 과정이다. 아주 작고 단순한 일상 속에서 수행의 길이 열리는 것이다. 다도茶道를 전문적으로 배우지 않아도 상관없다. 중요한 건 격식이 아니라, 그 시간을 어떤 마음으로 마주하느냐에 있는 거니까.

너무 바빴다면, 너무 지쳤다면, 차 한 잔을 준비해 보자. 특별한 찻잎이 없어도 좋다. 그냥 따뜻한 물에 몸과 마음을 앉힐 수 있다면 충분하다. 그리고 그 시간을 오롯이 '나'에게만 선물해 보자. 다른 누구도 아닌 오직 나를 위해 끓인 물, 우려낸 향, 그리고 "괜찮아, 오늘도 잘 살아냈어!"라는 조용한 다짐…. 그렇게 고요함 속에서 차 한 잔이 내어주는 다정함을 느껴 보자. 그 단순한 시간이 당신의 마음을 다독여줄 것이다.

바쁘다는 말 대신
천천히

우리는 하루에도 몇 번씩 '바빠서'라는 말을 입에 달고 살아간
다. 약속을 미룰 때도, 연락을 놓쳤을 때도, 잠깐 쉬는 게 필요할
때도, 말끝엔 늘 "요즘 좀 바빠서….."라는 변명이 따라붙는다. 오
랜만에 누군가를 만나도, "요즘 어때?"라는 질문에 "그냥 바쁘지
뭐."라는 대답이 너무 쉽게 흘러나온다.

하지만 그 바쁨은 대체 어디서 오는 것일까. 실제로 몸이 바쁘
기도 하겠지만, 때로는 마음이 스스로를 계속 바쁘게 만드는 것은
아닌지 생각해 보자. 끝없이 비교하고, 놓치면 안 된다는 조급함
에 시달리며, 앞으로만 달리게 되는 것이다.

불교에서는 '조급함'을 '망령된 마음'이라 표현하기도 한다.

아직 오지 않은 미래에 매여 현재를 놓치고, 지금 이 자리에서 충분히 머무르지 못하는 마음을 말하는 것이다. 바쁘게 사는 것이 나쁜 건 아니지만, 끊임없이 무언가에 쫓기듯 사는 건 분명히 마음에 무리를 준다. 눈 뜨자마자 스마트폰을 확인하고, 머릿속으로 일정표를 정리하고, 퇴근 후에도 밀린 일에 대한 죄책감으로 쉬지 못하는 삶…. 그건 분명히 ‘바쁘다’는 말로 포장된, 멈추지 못하는 마음의 상태를 말한다.

그래서 나는 요즘 ‘바쁘다’는 말 대신 ‘천천히’라는 말을 마음속에 넣어두고 있다. 누군가가 “요즘 어때요?”라고 물으면 “천천히 살고 있어요.”라고 대답한다. 말의 온도가 바뀌니 삶의 온도도 조금씩 달라지는 것을 느낀다. 천천히 먹고, 천천히 걷고, 천천히 말하는 연습을 하다 보면, ‘지금 이 순간’이라는 시간을 놓치지 않게 된다. 무엇보다 그 ‘천천히’의 리듬은 마음을 숨 쉬게 한다. 앞만 보고 달리는 것보다, 잠깐이라도 멈춰 서서 주변을 바라볼 여유가 생긴다.

불교에서는 ‘지금 이 자리’를 강조한다. 과거는 이미 지나갔고 미래는 아직 오지 않았기에, 진짜 삶은 오직 ‘지금, 여기’에만 있다는 가르침이다. 하지만 우리는 늘 어디론가 가야 하고, 더 많이

해야 한다는 강박에 현재를 스쳐 지나간다. '천천히'라는 태도는 단순히 속도를 늦추자는 말이 아니다. 내 삶의 중심을 되찾자는 말이다. 바쁜 일상 속에서도 나를 지키며 살아가기 위해서는 반드시 그 '천천히'의 힘이 필요하다.

예전에는 나도 뭔가를 놓치지 않으려고 애썼다. 일이 몰려오는 날이면 점심도 대충 때우고, 친구와의 약속은 피곤하다는 이유로 미루고, 밤에는 끝내지 못한 일들을 떠올리며 마음을 졸이곤 했다. 하지만 그런 하루가 지나고 나면 남는 건 성취감보다 공허함이었다. 무엇을 했는지는 남는데, 그 하루를 어떻게 느꼈는지는 희미해졌다. 그래서 어느 날부터인가 나에게 물어보기 시작했다.

"지금 이 속도는 내가 원하는 걸까?"

"나는 어디를 향해 이렇게 달리고 있는 걸까?"

답은 생각보다 단순했다. 나는 더 잘살기 위해 바빴지만, 그 바쁨 속에서 나답게 살고 있는지는 자신할 수 없었다. 그때부터 삶의 속도를 한 단계 줄여 보기로 했다. 아침에 눈 떴을 때도 스마트폰을 먼저 열지 않고, 밥 한 끼를 먹더라도 천천히 씹고, 누군가와의 대화에도 여유를 담았다. 신기하게도 바쁘게만 살아왔던 일상이 갑자기 멈춘 것도 아닌데, 마음은 한결 느긋해졌다.

불교에서는 '지금 여기'에 온전히 머무는 연습을 수행이라고 한다. 무언가를 새로 배우지 않아도 된다. 그저 지금 이 순간에 주의를 기울이는 것만으로도 마음의 평온을 회복할 수 있다. 예를 들어, 단순히 차 한 잔을 마시는 시간이 나에게 주는 '천천히의 연습'이 될 수도 있다. 걷는 것도, 말하는 것도, 듣는 것도, 조금만 속도를 늦추면 전혀 다르게 느껴진다.

"바빠서 못했어요."라는 말은 늘 내가 뒤처졌다는 마음을 남겼지만, "천천히 해볼게요."라고 말하면 그 안에는 여유가 있다. 나 자신을 다그치지 않고, 삶을 통제하려 들지 않고, 흐름에 맞춰 한 걸음씩 내딛겠다는 다짐과도 같다. 천천히 살기로 마음먹은 날, 나는 훨씬 더 많은 걸 보게 되었다. 바쁘게 살 땐 놓쳤던 하늘, 길가에 핀 꽃, 스쳐가는 사람들의 표정, 내 안의 감정들… 천천히 살아야 들을 수 있는 것들이었다.

마음속에 '천천히'라는 단어 하나를 꼭 넣어두자. 누군가가 당신에게 "요즘 바쁘죠?"라고 물으면, "아뇨, 천천히 살고 있어요."라고 답해 보자. 그 한마디가 마음을, 하루를, 삶의 방향을 조금은 다르게 만들어줄지 모른다.

미소 짓는
습관

아무 말 없이 웃는 얼굴을 보면 이상하게 마음이 풀릴 때가 있
다. 딱히 위로받은 것도 아닌데 괜찮아질 것 같다는 기분이 들고,
웃는 사람의 얼굴을 보면 나도 모르게 따라 웃게 된다. 누군가의
미소에는 그런 힘이 있는 것 같다. 큰소리 없이도 마음을 건드리
고, 조용히 상대방을 따뜻하게 만드는 힘 말이다.

그런데 생각해 보면, 우리는 언제부터인가 그 미소를 마음속
어딘가에 감춰두고 살아가는 것 같다. 웃는 얼굴보다는 긴장된 표
정, 부드러운 눈빛보다는 차가운 시선으로 하루를 보내는 날이 많
아졌다. 바쁘고 지치고 신경 써야 할 일이 많다 보니, 웃을 일보다
참고 견뎌야 할 일들이 먼저 떠오르곤 한다.

불교에서는 '무위자연無爲自然'이라는 말을 자주 한다. 인위적인 꾸밈이 없는 자연스러운 상태의 마음. 미소는 어쩌면 그 마음이 겉으로 드러난 가장 순한 표현일지도 모른다. 마음이 고요하고 편안할 때 저절로 입가에 번지는 웃음은 진심이 담긴 평화의 언어다. 아무런 말 없이도 미소 하나로 마음을 전할 수 있고, 상대방의 경계를 부드럽게 녹일 수 있다. 그리고 무엇보다 그 미소는, 사실 가장 먼저 나 자신을 따뜻하게 감싸주는 힘이 있다.

예전에 만난 스님 한 분은 말수가 적으셨는데, 항상 얼굴에 잔잔한 미소가 머물러 있었다. 그 미소가 처음에는 조금 낯설고 조심스럽게 느껴졌지만, 시간이 지나면서 그 미소가 말보다 더 깊은 가르침이 된다는 걸 알게 되었다. 말보다 더 오래 남는 건 태도고, 마음보다 더 빨리 전해지는 건 표정이라는 것을 그때 알았다. 게다가 그 표정은 하루아침에 만들어지는 게 아니라, 날마다의 선택이 모여 습관이 되고, 마음의 상태가 얼굴에 자리 잡은 결과니까 말이다.

미소를 짓는다는 건 단순히 입꼬리를 올리는 행위가 아니다. 내면의 평화와 연결되어 있는 작은 수행이다. 화가 날 때, 속상할 때, 마음이 복잡할 때조차도 살짝 미소를 지어 보자. 처음엔 어색하고 오히려 거짓말 같기도 하겠지만, 신기하게도 그 웃음이 마음을 조금씩 끌어올린다. 억지로라도 미소를 지으면 뇌는 지금 내가 행복하다고 착각하고, 그에 맞춰 몸과 마음도 조금씩 반응하게 된다고 한다. 불교의 가르침에서도 미소는 자비의 상징이다. 마음이 여유롭고 따뜻할 때 자연스럽게 지어지는 그 표정은 곧 자비심의 실천이기도 하다.

물론 웃기 어려운 날도 있을 것이다. 아무리 애써도 입꼬리가 올라가지 않는 날에는 '억지로라도 웃자'라는 말조차 부담스럽게 들린다. 그런 날엔 억지로 웃으려 하기보다 먼저 나 자신을 미소로 바라봐 주자. "오늘 많이 힘들었지?" 하고 나에게 묻고, "그럼에도 여기까지 잘 왔어." 하고 조용히 토닥여주는 거다. 그런 마음에서 우러난 작고 조용한 미소는, 세상의 기준이나 타인의 시선을 의식하지 않는 진짜 웃음이다.

불교에서는 '얼굴은 마음의 거울'이라고 한다. 내가 어떤 생각을 품고 살아가는지 얼굴에 다 드러난다는 것이다. 요즘 내 얼굴은 어떤 표정을 하고 있을까? 거울 속 나를 바라볼 때, 내 눈빛은 어떤 이야기를 담고 있을까?

미소는 마음이 머무는 자리이고, 평소의 습관이 드러나는 결과이다. 그러니 날마다 조금씩 미소 짓는 연습을 해보자. 누군가를 만나면 먼저 웃으며 인사하고, 거울을 볼 때면 나에게 웃어주고, 바쁜 하루 중에도 스스로를 다정하게 바라보는 눈빛을 잃지 말자. 비록 아주 짧은 시간이지만, 그 작은 행위가 깊은 마음 수행이 될 수 있다.

내가 나에게 미소 지을 수 있을 때, 비로소 타인에게도 온전한 웃음을 전할 수 있다. 겉으로만 웃고 속은 텅 빈 웃음이 아니라, 마음에서 번져 나오는 따뜻한 미소가 누군가의 하루를 바꾸어주기도 한다. 미소 하나로 전해지는 다정함에 어떤 마음은 풀리고, 누군가의 삶은 조금 더 부드러워질 수 있다. 지금 당신의 얼굴에도 작고 조용한 미소가 머물기를….

내가 나를
안아주는 날

누군가의 품이 간절하게 그리운 날이 있다. 몸은 버텨내고 있지만 마음은 어딘가 부서진 채로 그대로 주저앉고, 그 부서진 마음을 껴안아줄 사람 하나 없어 더 외로워지는 날. 너무 오래 견디는 습관이 몸에 배어, 결국 아무에게도 말하지 못하고 혼자서 눈물을 삼키는 날. '괜찮아'라는 말을 들으면 오히려 울컥할 정도로 괜찮지 않은 날. 누구보다도 나 자신이 나를 가장 이해하지 못하는 것 같은 날. 그런 날에는 누군가의 품이 간절히 그립다.

불교에서는 '자비'를 가장 큰 수행으로 여긴다. 그 자비는 타인을 향한 것도 있지만, 더 근본적으로는 자기 자신을 향한 것에서부터 시작된다. 스스로에게 연민을 품지 못하고 남을 온전히 이해할 수는 없기 때문이다. 하지만 많은 사람들이 이 순서를 자주 잊는다. 늘 누군가를 먼저 생각하고 다른 사람을 위로하면서도 정작 자기 자신에게는 아주 인색해진다.

"이 정도는 괜찮아야지."

"내가 약한 소리를 하면 안 되지."

그렇게 나를 밀어붙이다 보면, 마음은 어느새 작은 틈 하나 낼 여유도 없이 단단히 굳어져 있다. 그래서 더더욱 다른 이의 위로나 조언보다, 내가 나를 안아주는 날이 필요하다.

그저 조용히 내 마음을 바라보며 "많이 힘들었지?" 하고 말해주는 시간을 가져 보자. 누구도 대신해줄 수 없는, 스스로가 건네는 위로는 어떤 상황에도 흔들리지 않는 마음의 기둥이 된다. 바깥에서 무슨 일이 있었든, 어떤 말을 들었든, 내 마음을 가장 잘 알아주는 사람은 결국 나 자신이니까.

한때는 나도 남에게 보이기 위한 '괜찮은 사람'이 되고 싶어서 스스로를 다그쳤던 적이 있다. 누가 뭐라고 하지 않아도 혼자 마음을 졸이고, '이 정도쯤은 견딜 수 있어야 해'라는 생각에 쉴 틈도 주지 않았다. 그런데 그런 날이 지속되자 몸은 멀쩡한데 마음이 점점 무감각해지는 걸 느꼈다. 웃고 있어도 진심이 실리지 않고, 아무리 좋은 말을 들어도 마음이 받아들이지 않았다. 그건 아마 내가 나를 너무 오래 외면한 탓이었을 것이다.

그 후로 나는 아주 작은 실천을 시작했다. 밤에 잠들기 전에 눈을 감고 내게 말을 걸어 보는 거다. 하루 중 가장 힘들었던 순간을 떠올리며 "그때 정말 수고했어!"라고 말해주고, 가끔은 거울 앞에 서서 눈동자 깊숙이 나를 바라보며 웃어주었다. 누가 보면 별것 아닌 것처럼 보일지 모르지만, 그런 습관들이 쌓이자 마음의 온도가 달라지기 시작했다. 외부로부터의 인정보다, 나 스스로에게 주는 다정함이 더 큰 위로가 된다는 걸 조금씩 실감하게 된 것이다.

불교에서는 '있는 그대로의 나를 수용하는 것'이 수행의 첫걸음이라고 말한다. 부족한 나, 실수하는 나, 지치고 흔들리는 나…. 그 모든 나를 그대로 안아주는 마음이 진짜 연민이고, 거기에서부터 비로소 마음이 다시 살아난다.

누군가에게 안기고 싶은 날도 있겠지만, 아무도 없는 방 안에서 조용히 나 자신을 안아주는 시간도 소중하다. 손으로 어깨를 감싸는 단순한 동작 하나만으로도 우리는 마음의 무게를 조금 덜 수 있다. 그 품이 비록 작고 어색할지라도, 진심으로 나를 위하고

다독이려는 마음이 담긴다면, 그건 세상에서 가장 안전한 위로가
될 수 있다.

오늘 하루가 버겁게 느껴졌다면, 아무 말 없이 두 눈을 감고
스스로에게 조용히 속삭여보자.

"괜찮아, 오늘 참 잘 버텼어."

이 짧은 한마디가 당신의 하루 끝에 따뜻한 쉼이 되어줄 것이
다. 어떤 말보다 힘이 되는 건, 내 안에서 우러나오는 진심의 소리
이므로….

오늘도
괜찮은 하루였어

하루의 끝에 서면 문득 '오늘은 뭘 했더라?', '그냥 흘려보낸 하루는 아니었을까?' 같은 생각이 든다. 아무리 열심히 살아도 마음 한구석엔 늘 부족함이 남고, 잘하고 싶은 욕심에 스스로에게 인색해질 때가 있다. 어떤 날은 분명 바쁘게 움직였는데도 허전하고, 어떤 날은 작은 일에 괜히 자책하며 고개를 숙이기도 한다.

그런데 가만 생각해 보면, 그런 하루도 결국은 '살아낸 하루'라는 사실에는 변함이 없다. 특별할 것 없는 평범하게 보내온 하루가 바로 지금 이 자리까지 무사히 걸어온 '증거'니까.

불교에서는 '있는 그대로의 삶을 있는 그대로 받아들이는 마음'을 중요하게 여긴다. 부족하거나 과한 것을 덜어내고, 지금 내가 처한 이 순간을 있는 그대로 바라보는 연습, 그리고 그것을 부정하지 않고 그대로 끌어안는 일. 오늘 하루가 아주 특별하지 않아도, 대단한 성취가 없더라도, 무탈하게 지나갔다면 그 또한 얼마나 소중한 일인지 우리는 자주 놓친다.

내가 잘한 일보다 못한 일부터 떠올리고, 누군가의 말 한마디에 마음이 무너지고… 그런 하루가 끝날 때쯤엔 괜히 지친 마음이 앞서게 된다. 그러나 중요한 건, 그럼에도 불구하고 하루를 살아냈다는 거다. 그 하루의 무게를 가장 잘 아는 사람은 결국 나 자신이다. 겉으로는 괜찮아 보여도 마음속엔 말 못할 수고와 노력들이 가득했을 것이다. 그러니 하루를 마무리하는 이 시간만큼은, 누군가의 평가나 비교 없이 스스로에게 말해주었으면 좋겠다.

"오늘도 수고했어, 참 잘했어. 그리고 괜찮은 하루였어."

나는 요즘 하루가 끝나갈 무렵이면 일부러 조용한 공간을 찾아 앉는다. 특별한 의식 같은 건 없다. 그냥 조명을 좀 어둡게 하고 마음속으로 오늘을 다시 되새겨 보는 거다. 실수했던 순간도 있고, 기분이 좋았던 일도 있고, 누군가와의 말 한마디가 아직도 마음에 남아 있을 때도 있다. 그런 하루를 되짚다 보면, 꼭 무엇을 이루지 않았더라도 충분히 의미 있었다는 생각이 든다. 그렇게 생각을 정리한 뒤 조용히 말한다.

"오늘도 괜찮은 하루였다."

이 짧은 문장이 참 오래도록 마음자리에 남는다. 마치 하루 종일 지고 있던 짐을 내려놓게 해주는 것 같고, 내일이 조금 덜 두려워지게 만든다.

불교에서는 '매 순간이 수행'이라고 한다. 따로 도량에 앉아 참선하는 것만이 수행이 아니라, 숨을 쉬고, 생각을 멈추고, 나를 들여다보는 일상 자체가 수행이라는 뜻이다. 그런 의미에서 하루를 돌아보며 마음을 다독이는 시간은, 나만의 작고 조용한 수행이 되는 셈이다. 바쁘게 살아낸 하루를 조용히 품어주는 일이야말로 스스로에게 주는 '자비'이고 '쉼'일 것이다.

사실 우리는 스스로에게 너무 엄격한 잣대를 들이댄다. 잘하고 싶다는 마음 뒤엔 늘 '아직 멀었다'는 생각이 따라붙고, 다른 사람들과의 비교 앞에 자꾸 작아지곤 한다. 그런데 사실 우리가 바라는 완벽한 하루란 존재하지 않는다. 늘 계획대로 되지도 않고, 감정도 맘처럼 쉽게 정리되지 않는다. 그럼에도 지금까지 무너지지 않고 살아왔다는 건, 그 자체로 충분히 괜찮은 게 아닐까.

오늘 하루도 그랬을 것이다. 아침에 일어나기 힘들었지만 눈을 떴고, 피곤한 몸을 일으켜 밥을 챙겨 먹었고, 하기 싫은 일을 끝내기 위해 애썼고, 마음이 힘들었지만 웃으려고 노력했을 것이다. 때로는 감정을 누르느라 입술을 깨물었을 테고, 때로는 억울함을 말하지 못한 채 꾹 참기도 했을 것이다. 그런 하루를 고스란히 버텨낸 나에게 지금 가장 필요한 건 채찍이 아니라 다정한 인사 한마디이다.

"오늘도 괜찮은 하루였다."

지금 이 글을 읽고 있는 당신도, 어쩌면 마음속 어딘가에는 이 하루가 충분하지 않았다고 느낄지 모르겠다. 하지만 나는 말해주고 싶다. 당신이 느끼는 그 부족함마저도 당신이 하루를 성실히 살아냈다는 증거라고, 그 진심을 담아 오늘을 정리하고 내일을 맞이할 수 있다면 충분히 잘살고 있는 것이라고….

그러니 이제는 조금 더 자비롭게 하루를 마무리해 보자. 평가보다 수고를, 후회보다 따뜻한 눈빛으로 나를 바라보자. 스스로에게 가장 먼저 손 내밀어줄 수 있는 사람이 되자. 오늘도 괜찮은 하루였다. 분명히 그랬다. 내가 살아냈으니까.

3장

관계 속에서 흔들리지 않기

타인을 통해 나를 알아가는 여정도 수행

불교에서는 세상을 '마음의 거울'이라 비유하곤 한다.
세상은 늘 그대로인데, 내 마음이 흐리면 세상이 흐리게 보이고,
마음이 맑으면 그만큼 세상도 투명해진다는 뜻이다.
사람과의 관계도 마찬가지다.
누군가가 거칠게 말할 때, 내 마음이 여유로우면
그 말의 의도를 한 번쯤 더 생각해 볼 수 있다.
하지만 마음에 여유가 없으면,
그 말이 날카로운 칼처럼 그대로 가슴에 박힌다.
즉, 상대가 나를 아프게 한다기보다
내 마음이 그 고통을 그대로 받아들일 준비가 되어 있었던 것이다.
우리가 사람을 통해 상처받기도 하고 성장하기도 하는 건,
사람이 우리 안의 감정을 일깨워주는 거울이기 때문이다.

사람은
거울이다

누군가를 미워하게 될 때가 있다. 분명 미워할 만한 이유가 있었는데, 시간이 지나면 그때의 내 표정과 말투가 떠올라 상대의 태도보다 내가 흘린 감정이 더 오래 남곤 한다. 누군가를 부러워할 때도 마찬가지다. 그 사람의 멋진 삶보다 그걸 바라보며 작아진 나 자신이 더 선명하게 기억된다.

그래서일까, 시간이 갈수록 '사람은 사람을 통해 나를 가장 깊이 들여다보게 되는 존재'라는 말을 더 실감하게 된다. 타인은 내 마음을 비추는 거울 같다. 그 거울에 어떤 감정이 비치느냐에 따라, 내 안의 세계도 다르게 움직인다.

불교에서는 세상을 '마음의 거울'이라 비유하곤 한다. 세상은 늘 그대로인데, 내 마음이 흐리면 세상이 흐리게 보이고, 마음이 맑으면 그만큼 세상도 투명해진다는 뜻이다.

사람과의 관계도 마찬가지다. 누군가가 거칠게 말할 때, 내 마음이 여유로우면 그 말의 의도를 한 번쯤 더 생각해 볼 수 있다. 하지만 마음에 여유가 없으면, 그 말이 날카로운 칼처럼 그대로 가슴에 박힌다. 즉, 상대가 나를 아프게 한다기보다, 내 마음이 그 고통을 그대로 받아들일 준비가 되어 있었던 것이다. 우리가 사람을 통해 상처받기도 하고 성장하기도 하는 건, 그 사람이 우리 안의 감정을 일깨워주는 거울이기 때문이다.

나 역시 누군가의 말이나 행동에 유난히 예민하게 반응하던 시절이 있었다. 작은 말에도 쉽게 상처받고, 누군가의 칭찬에는 불안하게 고개를 끄덕였다. 그때는 그 모든 감정이 상대방 탓인 줄 알았다. 나를 무시해서, 나를 잘 몰라서, 혹은 나를 배려하지 않아서…. 그런데 어느 날 문득 깨달았다. 상대는 그저 자기 방식대로 행동했을 뿐이고, 진짜 문제는 그 행동을 받아들이는 내 마음의 모양에 있었다는 걸. 그날 이후 나는 사람을 대할 때 조금 다른 시선으로 바라보기 시작했다. '왜 저런 말을 했을까?'보다 '왜 그 말에 이렇게 반응했을까?'를 먼저 묻게 된 것이다.

그렇게 한 걸음씩 물러서서 관계를 바라보니, 내 마음이 비로소 들리기 시작했다. 때로는 인정받고 싶은 욕구가 지나쳐서 작은 무시에도 과하게 반응했고, 어떤 때는 내 불안이 상대를 의심하게 만들었다. 그 모든 감정이 어쩌면 오랜 시간 내 안에 쌓여 있었던 마음의 그림자였는지 모른다. 타인의 말 한마디나 표정 하나에 그렇게 흔들리는 건, 결국 내가 내 감정을 다 들여다보지 못했기 때문이라는 걸 그제야 깨달았다.

불교에서는 '타인도 나와 다르지 않다'고 가르친다. 나도 아프고, 그도 아프다. 나도 두렵고, 그도 두렵다. 나와 전혀 다른 듯 보이는 사람도 결국은 같은 감정의 언어를 품고 있는 것이다. 그걸 이해하기 시작하면, 누군가를 미워하거나 멀리하고 싶었던 마음보다, 그 사람을 통해 드러난 내 감정을 돌아보게 된다. 그것이 바로 자비의 시작이고, 관계의 본질이다.

누군가와의 관계가 힘들어질 때, 나는 스스로에게 물어본다.

"나는 지금 어떤 마음을 비추고 있지?"

상대방이 거울이라면, 지금 내 마음은 어떤 얼굴로 그를 비추고 있는 걸까? 거기에까지 생각이 미치면 조금씩 감정의 방향이 달라진다. 그 사람을 바꾸려는 시도보다는, 내 마음을 바라보고 정리하려는 마음이 커진다. 그리고 그 마음은 결국 더 단단한 관계를 만들어낸다. 거울을 닦는 건 상대가 아니라 나 자신이라는 사실을 알게 되면, 우리는 더 이상 관계 속에서 휘청거리지 않고 중심을 잡을 수 있다.

사람은 거울이다. 반사된 모습이 마음에 들지 않을 때, 거울을 탓하기보다는 나의 얼굴을 고쳐 보는 연습이 필요하다. 물론 쉬울 리 없고, 쉽지 않은 일이다. 하지만 그 연습이 조금씩 쌓이면 언젠가 마음의 표정이 부드러워지고, 사람을 대하는 나의 태도도 훨씬 따뜻해진다. 결국 우리가 만나는 모든 사람은 스승이다. 좋아하는 사람이든 어렵게 느껴지는 사람이든, 모두가 내 안의 무언가를 일깨워주는 거울이다.

나와 마주한 사람들 속에서 내 마음의 표정을 들여다보는 연습을 해보자. 때로는 반사된 마음에 언짢을 수도 있다. 그래도 괜찮다. 중요한 건, 그 마음을 정직하게 바라보고 닦아 나가는 일이니까. 그렇게 우리는 조금씩 단단해지고, 결국 나답게 빛나는 얼굴을 되찾게 될 것이다.

비교는 마음을
아프게 한다

비교하는 습관이 옳지 않다는 건 알고 있지만, 어느 순간 누군가와 비교하고 있는 자신을 발견하게 된다. 비교하지 말아야지, 나는 나대로 살아가면 되지… 그렇게 마음을 다잡다가도 SNS에 올라온 누군가의 사진 한 장으로 마음이 무너진다. 화려한 직장 생활의 단면이나 여행지에서 웃고 있는 얼굴을 보고 있노라면, 내 삶이 왜 이리 초라해 보이는지 한숨부터 나온다.

머리로는 그 사람이 보여주는 게 전부가 아니라는 걸 안다. 누구에게나 말 못할 사정과 고된 순간이 있다는 것도 알고 있다. 그런데도 이상하게 비교는 그 사람의 삶과 내 삶을 나란히 세우게 만들고, 어느새 나를 스스로 깎아내리는 도구가 된다.

불교에서는 '비교하는 마음'을 고통의 씨앗으로 본다. '삼독三毒'이라고 불리는 '탐貪·진瞋·치癡' 중 '탐貪'은 끊임없이 더 많은 것을 가지려는 욕심이다. 그리고 이 '탐'의 마음은 늘 비교에서 시작된다. 비교를 통해 내 삶에 부족함을 느끼고, 그 부족함을 채우기 위해 더 많은 것을 갈망하게 된다. 그 끝은 결코 만족이 아니다. 오히려 더 깊은 결핍과 좌절, 그리고 나에 대한 실망만 남는다. 결국 비교는 외부를 바라보는 시선이지만, 가장 크게 상처받는 건 내 안의 자존감이다.

예전의 나는 남들과 비교하는 걸 동기부여처럼 여긴 적도 있었다. 친구보다 조금 더 잘하고 싶고, 조금 더 인정받고 싶은 마음에 스스로를 몰아붙였다. 어느 정도까지는 그게 나를 움직이게 하는 힘이기도 했다. 그런데 어느 순간, 그것이 내가 나를 괴롭히는 방식이었다는 걸 깨달았다. 내가 원하는 것이 무엇인지보다는, 남들이 가진 것을 따라잡는 데 더 많은 에너지를 쓰고 있었던 탓에 진짜 내가 원하는 삶의 방향을 자꾸 놓치게 되었다. 타인의 성공이 내 마음을 무겁게 했던 건, 스스로가 내 삶을 제대로 들여다보지 못했기 때문이라는 사실을 그제야 알게 되었다.

불교에서는 '자신의 발을 보고 걷는 삶'을 말한다. 내 발로 걸어가는 길, 내가 짊어지고 있는 삶의 무게를 인정하고 받아들이는 연습. 그 길 위에 남과 나를 비교하는 잣대를 들이대면, 결국 나는 내가 아닌 누군가가 되어야만 만족할 수 있는 사람이 되고 만다. 비교는 시선을 흐트러뜨리고 마음을 흔들리게 한다. 그러다 보면 지금 이 자리에서 할 수 있는 소중한 일들을 잊게 되고, 눈앞에 있는 사람과의 관계도 왜곡된다. 비교는 나를 세상에서 고립시키는 마음의 덫이기 때문이다.

물론 어릴 때부터 비교 속에서 자라온 우리가 비교를 멈추는 건 쉬운 일이 아니다. 학교에서는 성적을, 사회에서는 직위와 연봉을, 일상에서는 외모와 말투마저 비교당하며 살아왔다. 그래서 비교를 당연한 감정처럼 받아들이지만, 그 안에서 고통을 느끼는 나 자신에게는 충분한 이해와 위로가 필요하다. 스스로를 자책하기보다 다정하게 바라보는 연습이 먼저다.

나는 요즘 비교하고 싶은 마음이 올라올 때면, 잠깐 멈추고 그 마음을 그대로 바라본다. 부러움이 드는 건 내가 그만큼 어떤 욕망을 품고 있다는 뜻이고, 시샘이 드는 건 내 마음 어딘가에 아직 풀리지 않은 열등감이 있다는 신호다. 그런 마음을 억누르거나 부정하지 않고, 그저 조용히 "지금 나는 왜 이 마음을 느끼고 있을까?" 하고 묻는 것이다. 그 질문이 거짓 없는 대답을 이끌어내고, 비교의 방향을 바깥이 아니라 내 안으로 향하게 한다.

사실 삶에는 정해진 순서나 명확한 정답이 없는 건데, 사람들은 자꾸 남의 시간표에 나를 끼워 맞추려고 한다. 누군가는 서른에 자리를 잡고, 누군가는 마흔에 길을 찾고, 또 누군가는 평생을 돌아가도 제자리를 지키며 살아간다. 중요한 건 그 안에서 '내가 어떤 마음으로 살아가고 있는가'이다. 비교가 아닌 이해로, 경쟁이 아닌 연대로, 스스로를 조금씩 다독이며 걸어가는 그 길이 비록 느려 보여도 가장 나다운 걸음을 만들어준다.

만약 '비교'라는 이름의 마음이 올라왔다고 해도 너무 자책하지 말자. 그 감정을 있는 그대로 바라보는 것만으로도 이미 당신은 수행 중이다. 그리고 이렇게 자신을 돌아보려는 마음 하나만으로도 우리는 조금씩 자유로워지고 있는 것이다.

용서한다는 건
잊는 게 아니라 놓아주는 것

'용서'라는 말을 떠올리면 왠지 망설여진다. '그 사람을 용서하라'라는 말이 모든 잘못을 덮어주라는 강요처럼 느껴지기도 한다. 아직도 마음속에 생생히 남아 있는 상처를 애써 없던 일로 치부하는 것 같아서, 진심으로 용서하는 게 가능하긴 한 건지 혼란스러울 때도 있다. 나는 아직 그 기억이 선명한데, 상처를 준 사람은 아무렇지 않게 살아가는 것 같아 억울한 마음이 들기도 한다. 그래서일까. 용서라는 말은 아름답지만, 그 실천 앞에서는 언제나 마음이 복잡해진다.

불교에서는 '용서'보다는 '놓아줌'을 더 자주 이야기한다. 내가 쥐고 있는 마음, 즉 고통의 매듭을 조용히 놓아주는 것은 상대를 위한 행동이 아니라 내 안의 괴로움에서 나를 해방시키는 일이기 때문이다. 우리가 누군가를 미워하거나 원망할 때, 사실 그 감정은 상대보다 나 자신을 더 아프게 한다. 미움은 마음 안에 오래 머물수록 점점 그 모양을 바꾸며 나를 파고든다. 자주 생각나고, 반복해서 떠오르고, 그때 했던 말과 표정이 생생하게 되살아날수록 내 마음은 또다시 상처받게 된다. 시간이 흘러도 상처가 아물기는커녕 계속 덧나는 것이다.

나도 한동안 어떤 사람을 미워하면서 스스로를 지치게 했던 적이 있었다. 잘 지내던 관계였는데 갑작스러운 한마디로 마음을 크게 다친 것이다. 그 말이 단순한 실수였다는 걸 알면서도 쉽게 잊히지 않았다. 시간이 지날수록 그 사람은 내 일상에서 사라졌지만, 내 마음에서는 지워지지 않았다. 자꾸 생각이 나고, 괜히 혼자 속상하고, 가끔은 꿈에까지 나와서 하루를 무겁게 만들었다. 그럴 때마다 나는 스스로에게 묻곤 했다. "그 사람은 아무렇지도 않을 텐데, 왜 나는 아직도 이 마음을 붙잡고 있을까?"

그 질문은 곧 나를 돌아보게 만들었고 알게 되었다. 내가 붙잡고 있는 건 그 사람 자체가 아니라, 그 말로 인해 다쳐버린 내 마음이라는 것을…. 나는 나를 지키기 위해 그 미움을 쥐고 있었던 것이다. 다시는 다치지 않기 위해, 같은 실수를 반복하지 않기 위해 기억하고 있으려 했던 것이다. 그런데 문제는, 그 미움이 나를 지켜주는 게 아니라, 오히려 내 안에서 계속 상처를 덧내고 있었다는 점이다. 그때 깨달았다. 용서란 상대방을 잊는 게 아니라, 그 감정에 붙잡혀 있는 나 자신을 놓아주는 일이라는 것을.

불교에서는 '집착'을 모든 괴로움의 뿌리라고 이야기한다. 미움도 일종의 집착이다. 이미 지나간 일인데도 끊임없이 붙잡고, 마음속에서 되뇌고, 그 감정을 계속 키워 간다는 것이다. 그래서 우리는 자주 마음속에 오래된 기억 하나를 들고 다니며 스스로를 힘들게 만든다. 용서는 그 오래된 짐을 내려놓는 선택이다.

용서를 한다고 해서 모든 게 해결되는 건 아니다. 여전히 마음 엔 상처가 남고, 기억은 사라지지 않는다. 하지만 그 감정에 더 이상 휘둘리지 않게 되어, 그 기억이 떠오르더라도 이전처럼 나를 흔들지 않게 되는 것이다.

내가 그때의 마음을 놓을 수 있었던 건, 그 사람을 이해해서가 아니라 나 자신을 위해서였다. 언제까지나 아픈 감정에 갇혀 있기 엔 내 일상이 너무 소중했기 때문이다. 더는 그 마음에 에너지를 쓰고 싶지 않아서 용서한 것이다. 그리고 나니 어느 날 문득, 그 사람의 이름이 마음속에서 더 이상 무겁게 느껴지지 않았다. 그제야 진짜 자유로워졌다는 걸 느낄 수 있었다.

용서는 거창한 결단이 아니다. 때로는 한 걸음 물러서서 그 감정을 바라보는 것부터가 시작이다. "나는 지금 이 미움을 왜 붙잡고 있지?"라고 스스로에게 묻는 순간, 마음속의 응어리가 조금은 느슨해질 수 있다. 그리고 그걸 인정하고 받아들이는 과정에서 조금씩 용서의 마음이 피어난다. 누구를 위한 용서가 아니라 나 자신의 평화를 위한 선택이었다는 점이 중요하다.

만일 당신의 마음에 오래도록 자리 잡은 감정이 있다면 조심스레 그 마음을 바라보자. 억지로 없던 일처럼 만들 필요는 없다. 다만 그 감정에 휘둘리지 않기 위해, 나 자신을 위해, '이젠 놓아줄 때도 됐다'라고 조용히 말해주자. 그 한마디가 당신의 마음에 작은 평화를 안겨줄 것이다.

불편한 감정과
마주하는 법

이유 없이 기분이 나빠질 때가 있다. 분명 큰일도 없었는데 마음이 뒤틀리고, 누군가의 한 마디에 유난히 민감해지고, 그냥 스쳐 지나가도 될 일에 괜히 서운함이 생긴다. 그런 날은 마음이 자꾸 날카로워지고, 평소 같으면 웃고 넘길 일에도 괜히 짜증이 난다. 그럴 때면 "내가 왜 이러지?" 하고 스스로를 다그치기도 하고, 감정을 외면하거나 억지로 눌러놓고 일상에 집중하려 애쓰기도 한다. 하지만 불편한 감정은 그렇게 모른 척한다고 사라지지 않는다. 오히려 마음 깊숙한 곳에 남아 있다가 더 큰 파도로 밀려오기도 한다.

불교에서는 '있는 그대로 바라보는 것'을 수행의 시작이라 말

한다. 내가 어떤 마음을 느끼고 있는지를 억누르거나 회피하지 않고, 고요히 바라보는 연습. 감정이란 건 자연스러운 흐름이고, 좋고 나쁨으로 나뉘기보다는 그저 '지나가는 현상'이라는 관점에서 보면 조금 다른 시선이 열린다. 기쁨이든 슬픔이든, 평온함이든 불편함이든, 결국은 다 마음의 파도처럼 일어났다 사라진다. 그 파도 위에서 사람은 흔들리기도 하지만 또 서서히 균형을 찾아가기도 한다.

나 또한 불편한 감정과 마주하는 게 익숙하지 않았다. 화가 날 때면 그 화를 '이기적인 감정'이라 여기며 꾹 눌렀고, 질투나 외로움이 올라오면 '이런 감정을 느끼면 안 된다'고 스스로를 나무라곤 했다. 하지만 억지로 감정을 없애려는 그 태도가 오히려 내 마음을 더 복잡하게 만들었다는 걸 나중에서야 알게 되었다. 겉으로는 괜찮은 척 웃고 있지만, 내면에선 고요함이 아니라 억압된 감정이 소용돌이치고 있었던 거였다. 그러다 어느 날, 차분히 앉아 불편했던 그 감정들을 그냥 있는 그대로 바라보았을 때, 비로소 내 마음의 소리가 들리기 시작했다.

불편한 감정은 나를 괴롭히기 위해 존재하는 게 아니다. 오히려 내 안의 어떤 부분이 지금 불편하다고, 힘들다고, 무시당하고 싶지 않다고 말하는 신호였다. 화는 종종 경계의 표시이고, 슬픔은 충분히 위로받지 못한 감정이며, 질투는 그만큼 갈망하고 있다는 뜻이다. 그 감정의 이면을 바라보면, 들여다보고 돌봐야 할 내 마음의 단면들이 보인다.

불교에서 말하는 '마음의 관觀'이 바로 그런 것이다. 감정이 올라올 때 휩쓸리지 않으면서도 외면하지 않고 그대로 관찰하는 것. '지금 나는 어떤 마음을 느끼고 있지?', '이 감정은 어디서부터 시작된 걸까?' 그렇게 묻고 바라보는 과정 속에서 감정은 조금씩 형태를 잃고 고요해진다. 처음엔 복잡하고 무거웠던 감정도, 시간이 흐르고 시선을 달리하면 그 무게가 달라진다. 우리가 괴로운 건 감정 그 자체 때문이 아니라, 그 감정을 억누르거나 피하려는 마음 때문인 경우가 더 많다.

나는 요즘 하루를 마무리하면서 가장 불편했던 감정 하나를 떠올려 본다. 그때의 상황, 내가 했던 말, 느꼈던 감정들을 그대로 복기하며 조용히 바라보는 시간을 갖는 것이다. 그러면 그 감정이 왜 그렇게 나를 흔들었는지, 어떤 욕구가 충족되지 않아서 그런 반응이 나왔는지 조금씩 보이기 시작한다. 그리고 마음속에서 작은 목소리가 들린다.

"괜찮아, 그 감정도 너의 일부야."

그렇게 다정하게 나를 다독이면, 조금 전까지 불편하게만 느껴졌던 감정들이 차츰 내 편이 되어주는 걸 느낀다.

불편한 감정은 피해야 할 대상이 아니라, 나를 이해할 수 있는 소중한 단서가 된다. 그리고 그 감정을 있는 그대로 인정하는 순간부터 우리는 더 이상 감정에 휘둘리지 않게 된다. 감정에 휩쓸리지 않고 머무르는 힘, 그게 곧 마음의 중심이고 불교에서 말하는 수행의 본질이다. 감정을 없애려 하지 말고, 그 감정을 품고 있는 나 자신을 있는 그대로 받아들이는 마음에서 비로소 평화가 시작된다.

그러니 불편한 감정이 올라왔다고 너무 자책하지 말자. 그 감정을 느꼈다는 건, 당신의 마음이 여전히 살아 있고 정직하다는 증거니까. 그 마음을 무시하거나 억누르지 않고 조용히 바라봐주는 것만으로도 당신은 이미 스스로를 치유하는 길 위에 서 있는 셈이다.

미움의 밑바닥에는
슬픔이 있다

사람을 미워해 본 적이 있는가? 어떤 분명한 이유가 있었든, 그저 마음이 상해서였든, 우리는 살면서 여러 가지 얼굴의 미움을 품고 살아간다. 그저 단순한 서운함으로 시작된 미움도 있고, 실망이나 배신감으로 생긴 미움, 간혹 말 한마디가 남긴 상처가 깊이 새겨진 미움일 수도 있다. 시간이 지나면서 그 감정이 날카로운 가시처럼 마음에 박히면, 자신도 모르게 그 사람의 이름만 들어도 표정이 굳고, 같은 상황만 떠올라도 속에서 무언가 치밀어오른다. 그리고 그렇게 반복되는 감정 속에서, 그 사람을 떠나보내지 못한 채 스스로가 상처 입는 것이다.

불교에서는 '화'나 '미움' 같은 감정을 뿌리째 없애려 하기보다, 그 감정이 어디서부터 비롯되었는지를 가만히 들여다보는 관찰을 먼저 권한다. 어떤 마음도 처음부터 날카로운 건 아니다. 미움이라는 강한 감정도 그 뿌리를 따라 내려가다 보면, 그 안에 아주 오래된 슬픔이 자리 잡고 있는 걸 발견하게 된다. 미워한다는 건 그만큼 기대했고, 믿었고, 소중하게 여겼다는 뜻이기도 하다. 누군가를 전혀 아끼지 않았다면 그렇게 깊게 미워할 이유도 없었을 것이다. 그래서 불교에서는 "미움의 밑바닥에는 슬픔이 있다."라고 말한다.

나도 오랫동안 어떤 사람을 마음 깊이 미워했던 적이 있었다. 표면적으로는 내가 상처받은 것 같았지만, 돌이켜보면 그 사람에게 느꼈던 실망은 내 기대가 무너졌다는 데서 비롯된 거였다. 나는 그 사람이 나를 이해해주길 바랐고, 나와 같은 눈높이에서 마음을 나눠주길 바랐다. 그런데 그 사람은 전혀 다른 방식으로 행동했고, 나는 그 다름을 받아들이지 못했다. 미움은 점점 커졌고, 시간이 지날수록 내 안에서 그 사람은 점점 더 차가운 존재가 되어 갔다. 그러다 문득, 그 사람을 떠올리는 내 마음이 너무 무겁고 고단하게 느껴졌다. 그리고 그 무게 속엔 분노보다 훨씬 깊은, 풀리지 않은 슬픔이 있었다.

불교에는 '번뇌 즉 보리煩惱卽菩提'라는 말이 있다. 괴로움이 깊은 만큼 그 안엔 깨달음의 가능성이 숨어 있다는 뜻이다. 누군가를 미워하는 마음도 잘 들여다보면 나에 대해 더 많이 이해할 수 있는 문이 된다. 왜 그 사람이 그토록 내 마음에 남아 있었는지, 그 사람의 어떤 말과 태도에 그렇게 흔들렸는지, 그리고 그 감정의 이면엔 어떤 욕구가 있었는지를 차분히 바라보다 보면, 나를 더 깊이 이해하게 된다.

내가 기대했던 것, 내가 받고 싶었던 것, 내가 놓치고 싶지 않았던 것… 그 모든 것들이 채워지지 않아 마음속에 슬픔이 고이고, 그 슬픔이 분노로 바뀌고, 결국에는 미움이 되는 것이다. 하지만 그 감정을 다시 거슬러 올라가 보면, 그 중심엔 '이해받고 싶다'는 작은 바람이 있었다. 누군가를 미워한다는 건, 그만큼 내가 그 관계 안에서 외롭고 쓸쓸했다는 증거이기도 하다.

그 감정을 깨달았을 때, 나는 조금씩 '용서'라는 단어의 결을 다시 느끼기 시작했다. 그 사람을 다시 좋아하게 되거나 모든 걸 잊는 건 어려웠지만, 그 사람과의 관계에서 나 자신이 어떤 마음을 겪었는지를 인정하고 받아들이는 일은 가능했다. 나는 상처받았고, 슬펐다. 그래서 미웠다는 걸 있는 그대로 바라보는 연습이 쌓일수록 미움이라는 감정은 조금씩 힘을 잃었고, 그 자리에 묵직하지만 따뜻한 이해가 자리 잡기 시작했다.

불편한 관계를 마주할 때, 우리는 감정의 표면만을 들여다보는 경향이 있다. '내가 싫어하는 사람', '날 힘들게 한 사람'이라고 단순히 분류하고, 멀리하거나 지우려 한다. 하지만 그 안에는 수많은 감정의 결이 있다. 좋아했고, 믿었고, 기대했다. 그래서 상처받았고, 슬펐고, 결국 미워하게 되었다. 미움은 그렇게 만들어진 감정이다. 그래서 미움을 해결하는 길은 상대를 향한 변화가 아니라, 나의 감정을 깊이 이해하는 데서 시작된다.

누군가를 떠올릴 때 마음이 불편하다면, 그 감정의 밑바닥에 있는 슬픔을 조용히 마주해 보자. '나는 왜 저 사람이 미웠을까?', '그 마음을 처음 느낀 순간은 언제였을까?', '그때의 나는 어떤 바람을 품고 있었을까?' 그렇게 묻고 바라보다 보면, 미움은 조금씩 그 실체를 드러내고, 마음 한편에서 이해와 놓아줌의 가능성도 자라기 시작한다.

때론 거리를 두는 게
사랑이다

흔히 사랑을 '함께하는 것'이나 '옆에 머무는 것'이라 생각하지만, 사랑이란 가까이 있는 것만을 의미하지 않는다. 어떤 경우에는 거리를 두는 것이 오히려 더 깊은 이해이고, 더 큰 배려일 수 있다. 함께 있기에 더 많이 상처받고, 더 자주 부딪히는 관계도 있다. 사랑하기 때문에 지치고, 잘해주고 싶었기에 더 아팠던 경험이 누구에게나 한 번쯤은 있었을 것이다. 그럴 때면 '내가 뭘 잘못했을까?', '왜 마음이 자꾸 멀어지는 걸까?' 되묻게 되고, 관계를 지키기 위해 안간힘을 쓰다 보면 뜻하지 않게 놓치기도 한다.

불교에서는 '애착'을 내려놓는 법에 대해 오랜 시간 이야기해왔다. 애착은 사랑의 모양을 하고 있지만, 그 안에는 집착이 함께

들어 있다. '너는 나에게 이렇게 해줘야 해', '이 정도는 이해해줘야 하지 않을까' 하는 기대가 쌓이면, 그것은 더 이상 맑고 자유로운 사랑이 아니라 점점 무거운 짐이 된다. 관계라는 것도 결국은 인연이다. 인연이 깊을수록 서로의 마음을 자유롭게 놓아줄 수 있어야 한다. 때로는 멀찍이 떨어져 바라보는 마음이 더 깊은 이해로 이어질 수 있다.

나도 예전에는 가까운 사람일수록 더 많이 챙기고, 더 자주 소통해야 관계가 유지된다고 믿었다. 하지만 시간이 갈수록 오히려 가까운 사이일수록 '적당한 거리'가 필요하다는 것을 알게 되었다. '말하지 않아도 알겠지' 싶었던 사이에서 오해가 생기고, 가까운 만큼 더 깊은 기대와 실망이 오간다. 그럴수록 나는 나를 잃어가고 있었다. 그 사람이 원하는 나의 모습에 맞춰 스스로를 조정하고, 그 사람의 기분에 따라 하루의 감정이 요동치는 나날이 반복되었다. 결국 지친 건 그 사람보다 나였고, 더는 이 관계가 온전히 유지되기 어렵다는 걸 느꼈을 때 나는 처음으로 '거리를 두는 사랑'에 대해 생각하게 되었다.

거리를 둔다는 건 관계를 포기한다는 뜻이 아니다. 오히려 서로를 더 건강하게 바라볼 수 있는 자리를 만드는 일이다. 너무 가까우면 보지 못하는 것들이 있다. 한 걸음 떨어져 바라보면 상대의 마음도, 나의 감정도 훨씬 또렷하게 보이기도 한다. 말없이 곁을 지키는 것도 사랑이지만, 더 이상 함께 있으면 서로를 망가뜨릴 수 있다는 걸 알아채고 조용히 물러서는 용기 또한 사랑이다. 마음이 아프고 아쉽더라도, 그 사람과 내 삶을 존중하기 위해 "지금은 거리가 필요해."라고 말할 수 있어야 한다.

불교에서 말하는 '자비'란, 상대를 바꾸려고 하는 게 아니라 있는 그대로를 수용하는 데 있다. 그 사람이 지금 내 마음만큼 다가오지 않아도, 내가 바라는 방식으로 행동하지 않아도, 그걸 억지로 끌어오려 하지 않고, 그 존재 자체를 있는 그대로 인정하는 것에서부터 진짜 관계가 다시 시작될 수 있다. 사랑은 밀착이 아니라 이해에서 시작된다. 그리고 이해는 때때로 거리를 통해 깊어지는 법이다.

한때 나는 자주 부딪히는 친구와의 관계에서 완전히 지친 적이 있었다. 자주 연락하고 만나는 사이였지만, 어느 순간부터 그 사람의 말 한마디에 예민해지고 마음이 불편해졌다. 그때는 그 친구가 변했다고만 생각했다. 예전엔 그렇지 않았는데, 자꾸 나를 무시하는 것 같고 예민하게 구는 것처럼 느껴졌다. 하지만 시간이 지나고 거리를 두며 돌아보니, 변한 건 그 사람만이 아니었다. 나역시 예전만큼 마음에 여유가 없었고, 스스로에 대한 불만이 그친구의 말에 투영되고 있었던 것이다. 그렇게 거리를 두고 나를돌아보는 시간을 가진 뒤, 우리는 자연스럽게 예전보다 훨씬 부드럽고 건강한 관계로 돌아올 수 있었다.

사람과 사람 사이엔 보이지 않는 숨결의 간격이 있다. 그 간격은 상황에 따라, 마음의 상태에 따라 달라져야 한다. 너무 가까워서 숨이 막힐 때는 잠시 물러서야 하고, 너무 멀어져서 마음이 식을 때에는 조용히 다가가야 한다. 거리는 물리적인 것만이 아니다. 감정의 거리, 이해의 거리… 그 모든 것이 잘 조율될 때 관계는 오래도록 지속될 수 있다.

그러니 당신이 어떤 관계에서 지치고 있다면, 너무 미안해하지 말고 거리를 두는 선택을 해도 괜찮다. 그건 도망이 아니라 관계를 지키기 위한 다정한 선택일 수 있다. 누군가를 정말 사랑한다면, 그 사람을 온전히 마주하기 위해 나에게도 공간과 시간이필요하다는 걸 알아야 한다. 때론 거리를 두는 것이, 그 무엇보다깊은 사랑을 만든다.

내 마음을 제대로
말해 본 적 있는가

가끔은 나도 내가 무슨 생각을 하고 있는지 모르겠다고 느껴
질 때가 있다. 분명 속은 답답하고 무언가 하고 싶은 말은 있는데,
정작 입을 열면 엉뚱한 말만 나온다. '괜찮아', '별일 아니야' 같은
말로 대충 덮어버리면서도, 마음 한구석에서는 누군가 내 진짜 마
음을 알아주길 바라고 있는 것 같다. 그런데 그 진짜 마음이라는
게 무엇인지 스스로도 정확히 알지 못한 채, 그저 불편하고 쓸쓸
한 감정들만 켜켜이 쌓여 가는 것이다.

불교에서는 '마음을 밝히는 것'을 수행의 시작이라고 말한다.
어둠 속에선 아무것도 분명히 보이지 않는 것처럼 마음도 제대
로 들여다보지 않으면 지금 무슨 감정을 품고 있는지 알기 어렵

다. 특히나 관계 속에서는 '말하지 않아도 알아줬으면' 하는 기대가 커질수록 진짜 하고 싶은 말은 점점 더 멀어지고, 그 자리에 오해와 서운함이 자리 잡게 된다. 말하지 않았으니 모르는 게 당연한데, 우리는 속으로 '왜 몰라주지?'라며 상대에게 서운해 한다. 그러면서도 정작 스스로에게는 '나는 지금 내 마음을 정확히 알고 있나?', '내가 원하는 건 뭐지?', '왜 이런 감정이 드는 거지?'라고 묻지 않는다.

사실 마음을 표현하는 게 서툰 사람이 많다. 나도 그랬다. 누군가에게 내 진심을 보여준다는 것이 왠지 부끄럽고, 때로는 약해 보일까 봐 겁도 났다. 그래서 불편한 마음이 들어도 쉽게 말을 꺼내지 못했고, 결국 감정을 쌓아두다가 엉뚱한 지점에서 터진 적도 많았다. 그때마다 후회가 밀려왔다. 진작 말했더라면, 조금 더 솔직했더라면…. 하지만 그 후회 속에서 한 가지는 분명히 알게 되었다. 진심은 시간이 지나도 어딘가에 남지만, 표현하지 않으면 그 진심이 전달되기는 어렵다는 것을 말이다.

불교에서는 말[言語]을 '업業' 중 하나라고 한다. 말도 행동만큼이나 세상을 움직이는 힘이 있기 때문이다. 그래서 말의 힘은 곧 마음의 힘이다. 내가 어떤 말을 하느냐는, 내가 어떤 마음을 품고 있는지를 보여주는 것이다. 그렇기 때문에 마음을 잘 표현한다는 건 단순히 기술적인 문제가 아니라, 마음을 잘 바라보고 이해할 줄 아는 내면의 훈련과도 같다. 내 감정의 결을 세심하게 들여다보고 있는 그대로 인정할 수 있을 때, 비로소 말로도 자연스럽게 풀어낼 수 있다.

마음을 표현하는 데도 용기가 필요하다. 때론 거절당할까 두렵고, 내 말이 상대에게 상처가 될까 걱정될 때도 있다. 하지만 표현하지 않으면, 서로를 진짜로 이해할 수 있는 기회를 잃게 된다. 말하지 않아도 알 수 있는 관계는 없다. 말하지 않았기에 오해가 깊어지고, 다툼이 생기고, 서운함이 쌓이기만 하는 것이다.

누군가와의 관계에서 마음이 어긋날 것 같으면, 먼저 나의 감정을 정리해 보고, 아주 짧게라도 내 마음을 말로 전해 보자. 말을 꺼내는 데는 용기가 필요하지만, 그 한마디가 관계를 다시 이어주는 다리가 되어줄 때도 있었다.

때론 상대가 내 마음을 전부 이해하지 못해도 괜찮다. 중요한 건 내가 내 마음을 외면하지 않고 솔직하게 바라봤다는 사실이다. 그렇게 마음을 표현하는 연습이 쌓이다 보면, 관계의 모양도 조금씩 달라지기 시작한다. 무엇보다 스스로와의 관계가 좋아진다.

'나는 이런 감정을 느낄 수 있는 사람이구나', '이런 상황에서 이런 마음이 드는구나' 하고 알아 가면서, 스스로를 조금씩 더 다정하게 대하게 된다.

마음을 말하는 일은 어쩌면 마음을 다치는 일일 수도 있다. 때론 내가 한 말이 오해를 불러올 수도 있고, 내 진심이 전해지지 않아 더 깊은 상처로 돌아올 수도 있다. 하지만 그럼에도 불구하고 마음을 감춘 채 살아가는 것보다는, 진심을 다해 말하는 편이 훨씬 건강하고 자유로워진다. 마음은 말과 함께 흐르기도 하고, 말로 인해 묶이기도 하는 법이다.

혹여 표현하지 못한 마음이 있다면, 아주 작은 말 한마디라도 꺼내 보는 연습을 해보자. 꼭 상대에게가 아니라도 좋다. 노트에 적어도 좋고, 조용히 혼잣말로 속삭여도 괜찮다.

"나는 지금 외로워."

"사실 그 말이 마음에 남아 있어."

그렇게 말하는 순간, 내 마음을 내가 먼저 알아주는 다정함에 조금씩 치유되기 시작할 것이다.

착하지 않아도
괜찮아

'착하다'는 말을 자주 듣는 사람이 있다. 부탁을 잘 거절하지 못하고, 상대의 기분을 먼저 살피며, 어지간한 상황에도 웃으며 넘기고, 모두가 좋다고 하는대로 따르는… 그렇게 살아야 한다는 마음이 몸에 밴 사람이 있다. 나 역시 그랬다. 예의 바르고 다정하다는 말을 들을 때면 나를 긍정적으로 바라봐주는 것 같아 기분이 좋았고, 그 기대를 실망시키지 않기 위해 더 애써 왔다. 그러다 보니 점점 나의 진짜 마음보다 타인의 감정을 먼저 챙기게 되었고, 어느 순간부터는 그게 너무나 익숙해져 있었다.

그런데 이상하게 시간이 지날수록 내 마음은 자꾸만 지쳐 갔다. 남들에게는 좋은 사람인데, 정작 내 안에서는 나를 이해받지 못하고 있다는 허전함이 밀려왔다. 도와주고도 마음이 편치 않았고, 내키지 않는 일을 억지로 하면서 생긴 감정들을 누군가에게 털어놓지도 못한 채 '괜찮아'라는 말로 스스로를 달래곤 했다. 그런데 그게 반복되다 보니 점점 나 자신에게 솔직해지기가 어려워졌고, 사람들 앞에서는 괜찮은 척하면서 속으론 쓸쓸한 마음이 자꾸 쌓여 갔다. 어느 순간부터는 내 행동이 좋은 마음에서 비롯된 것인지 혹은 거절당할까 두려워서, 실망시키기 싫어서, 누군가의 기대를 깨뜨리고 싶지 않아서인지도 알 수 없게 되었다.

불교에서는 "지나친 선善도 집착이 될 수 있다."라고 말한다. 겉으로 보기에 선한 행동이라도 그 마음에 집착이 깃들면 고통이 된다는 뜻이다. 착한 사람이 된다는 건 물론 좋은 일이다. 하지만 '착하다'는 마음이 자신을 괴롭히게 되면, 그 선함은 더 이상 자비가 아니게 된다. 그것은 나를 지우는 방식으로 나타나고, 결국 내 마음의 평화를 해치는 원인이 된다.

타인을 배려하는 것과 나를 희생하는 건 다른 일이다. 불교에서 말하는 자비란, 나도 너도 함께 아프지 않은 길을 찾는 것이고, 그 안에는 '스스로에게도 다정할 것'이라는 전제가 담겨 있다.

나는 '착하다'는 말을 들을 때마다 그 말이 정말 내 본모습을

보고 하는 말인지, 아니면 내가 보여주고 싶어 하는 모습에 대한
반응인지 헷갈렸다. 그런 마음이 반복되던 어느 날, 나는 친한 지
인에게 이렇게 말한 적이 있다.

"나는 나름대로 진심을 다하는데, 왜 자꾸 마음은 외로울까?"

그 사람은 조용히 대답했다.

"너무 애쓰니까 그런 거 아닐까. 네가 힘들다는 걸 아무도 몰
라주니까."

그 말이 마음 깊이 박혔다. 내가 지치도록 착하다는 건, 결국
이해받고 싶고 사랑받고 싶다는 욕구였다. 그런데 그 마음을 솔직
하게 드러내지 못하고 착한 행동으로만 표현했으니, 정작 나의 고
됨은 누구에게도 제대로 닿지 않았던 것이다.

관계는 진심이 드러나는 지점에서 시작한다. 착하게 보이려
애쓰는 마음보다, 진솔한 내 마음을 인정하고 나누려는 용기가 더
중요하다. 내가 원하지 않는 부탁을 정중히 거절하는 것에도 연습
이 필요하고, 내 감정이 상했을 때 솔직하게 말하는 것에도 용기
가 필요하다. 그 모든 건 나 자신을 소중히 여긴다는 뜻이고, 관계
속에서 나를 잃지 않으려는 마음에서 비롯된다.

불교에서 말하는 '중도中道'란, 너무 끌지도 밀지도 않는 균형

의 길을 말한다. 착함과 단호함 사이에서 중심을 잡는 것도 바로 그 중도의 한 모습이다.

지금 누군가의 기대에 맞추기 위해 억지로 애쓰고 있다면, 그 노력을 잠시 멈춰 보자. 당신이 착하지 않아도 괜찮고, 거절해도 괜찮고, 때로는 나를 먼저 챙겨도 괜찮다는 걸 스스로에게 허락해 주자. 사람은 모두 다르기 때문에 '좋은 사람'이라는 기준도 각자의 삶 속에서 달라질 수 있다. 그 기준에 끌려갈 게 아니라, 나에게 맞는 기준을 세우는 일이 중요하다. 그리고 그 기준 위에 서 있는 나 자신을 다정하게 바라보자.

있는 그대로의
나를 보여주기

누구나 '좋은 사람'이고 싶어 한다. 타인에게 괜찮은 사람으로 보이고 싶고, 싫은 말보다 괜찮은 말을 듣고 싶고, 때론 내 마음보다 그 사람의 눈빛을 먼저 살피며 행동한다. 그렇게 살아가다 보면, 나도 모르게 '있는 그대로의 나'보다는 '보여주고 싶은 나'를 먼저 꺼내게 된다. 사실 그건 너무 자연스러운 일이기도 하다.

사회생활의 관계 속에서 우리는 누구나 가면을 쓰고 살아간다. 어느 정도의 가면이 없으면 세상살이가 너무 버거울 때도 있기 때문이다. 하지만 그 가면이 오래되고 두꺼워질수록 진짜 내 모습은 점점 더 안으로 숨어들고, 결국은 내가 나를 잃어버리는 순간이 찾아온다.

나는 한동안 '괜찮은 사람'이라는 인식 속에서 살아왔다. 어느 모임에서도 무던하고, 예의 바르고, 갈등을 피하는 사람. 웬만한 일엔 흔들리지 않고, 불편한 상황에서도 조용히 웃으며 자리를 지키는 사람. 그런 나를 사람들은 좋아했지만, 이상하게도 내 마음에는 어떤 허전함과 외로움이 밀려왔다. 그런 생각이 들 때마다 '나는 왜 이렇게 혼자라는 느낌이 들지?'라는 자문을 한 적이 있는데, 시간이 지나서야 그 답이 '나를 드러낸 적이 없기 때문'이라는 걸 깨달았다.

불교에서는 '참 나'를 바라보는 수행을 중요하게 여긴다. '참 나'란 꾸미거나 감추지 않은 본래의 나, 조건 없이 존재 자체로 소중한 '나'를 말한다. 그 '나'를 만나는 일은 아주 조용한 마음에서 시작된다. '나는 누구인가', '나는 왜 이토록 누군가의 시선을 의식하며 사는가', '나는 내 마음을 솔직히 보여준 적이 있는가' 같은 질문을 던지고, 그 답을 찾아가는 과정에서 우리는 조금씩 본래의 자리로 돌아오게 된다. 중요한 건, 있는 그대로의 나를 보여주는 것이 용기라는 사실이다. 나의 불안함, 나의 부족함, 나의 미완성된 부분까지도 솔직하게 꺼내놓을 수 있는 관계여야 진짜 깊은 관계로 이어질 수 있다.

이런 모습을 보이면 사람들이 나를 싫어하지 않을까, 실망하지 않을까, 멀어지지 않을까…. 그래서 자꾸만 내 안의 약한 부분을 숨기고, 더 괜찮은 모습만 보여주려 애쓴다. 하지만 그렇게 보여주는 모습이 진짜 나와 멀어질수록, 관계는 겉만 번지르르한 껍데기가 되어버리고 만다. 그리고 그 껍데기를 유지하기 위해 더 많은 에너지를 써야 한다. 그런데 실은 나를 사랑해 주는 사람은 내가 완벽해서 사랑하는 게 아니다. 나의 진심을 느낄 수 있어서, 함께 웃고 울 수 있어서, 있는 그대로의 나를 받아들일 수 있어서 그 자리에 머무는 것이다.

어느 날, 아주 가까운 친구에게 나는 처음으로 "나는 잘 웃지만 사실 자주 불안해."라고 말한 적이 있다. 그 말은 나도 예상하지 못한 순간 불쑥 튀어나왔다. 말하고 나니 한참 동안 괜히 민망하고, '이상하게 생각하면 어쩌지?'란 생각에 불안했다. 그런데 그 친구는 나를 이상하게 보지 않았다. 오히려 조용히 다가와서 "그랬구나…."라며 내 어깨를 다독여주었다. 그날 이후 우리는 훨씬 더 솔직해졌고, 더 깊고 단단해졌다. 나를 보여주는 일은 어쩌면 외면당할 수도 있다는 두려움을 동반하지만, 결국 그 과정을 통해서만 진짜로 연결될 수 있다.

불교에서는 '무상無常'이라는 진리를 말한다. 모든 것은 변하고 머물지 않는다. 감정도, 관계도, 나의 모습도 마찬가지다. 완벽한 모습은 그 어디에도 없다. 지금 내가 괜찮다고 느끼는 이 모습도 언젠가는 흐려지고 무너질 수 있다.

그러니 지금 이 순간, 있는 그대로의 나를 받아들이자. 그리고 있는 그대로의 내 모습을 천천히 보여주는 용기를 내자. 그것이야 말로 가장 진실한 삶의 태도다. 나를 감추지 않고 드러내는 것, 그 안에는 스스로를 존중하는 태도가 담겨 있다. 그리고 그 존중은 누군가와의 관계를 훨씬 더 자유롭고 단단하게 만들어준다.

당신의 진짜 마음은 어떤 모습인가?

기분이 좋았다면 그 기쁨을, 속상했다면 그 감정을, 불안했다면 그 떨림을 누구에게라도 조용히 전해 보자. 그 한마디가 어쩌면 오랫동안 이어질 깊은 관계의 시작이 될 수도 있다. 그리고 무엇보다, 그 말을 가장 먼저 들어줄 사람은 다름 아닌 나 자신이라는 것을 잊지 말자.

진심은
돌아오지 않아도 남는다

누군가를 향해 진심을 다한 적이 있는가? 마음을 기울여주고, 시간을 들이고, 말 한마디와 행동 하나에도 조심스러울 만큼 그 사람을 소중히 생각했던 순간이 있었을 것이다. 하지만 그런 마음이 때로는 예상치 못한 방식으로 돌아오기도 하고, 어떤 때는 아무런 응답 없이 흩어지기도 한다. 진심을 쏟았음에도 외면당하거나 오해를 받을 때, 우리는 상처 받게 된다. 그리고 마음속 어딘가에서 스르륵 의문이 올라온다. '나는 왜 그렇게까지 애썼을까?', '그 모든 마음은 다 헛된 것이었을까?'

나 역시 그런 적이 있었다. 누군가를 아끼고 다가가려는 마음을 전했는데, 그 사람이 나의 다름을 이해해 주지 못해 오히려 마음의 벽을 쌓는 걸 느꼈을 때, 마음 한구석이 조용히 식는 경험을 했었다. 진심이 닿지 않았다는 느낌, 혹은 닿았지만 아무 의미 없었다는 생각은 오래도록 마음을 무겁게 했다. '진심은 통한다'는 말을 믿고 싶었지만, 현실이 꼭 그렇게 내 맘대로 되는 건 아니었다. 그런 경험이 한두 번 쌓이자 나는 더 조심스러워지고, 마음을 주는 일에 인색해졌다. 다시 상처받지 않으려는 방어기제가 나도 모르게 작동한 거였다.

하지만 불교에서는 이런 감정을 조금 다른 시선으로 바라본다. 진심이라는 것은 누군가에게서 무언가를 얻기 위한 거래가 아니다. 수행의 관점에서 보면, 진심은 그 자체로 이미 하나의 공덕이 된다. 아무것도 기대하지 않더라도 누군가를 진심으로 대하는 순간, 내 안에서 뭔가 맑고 투명한 것이 자라는 경험을 하게 된다. 설령 그 마음이 돌아오지 않더라도, 내가 그 마음을 품었다는 사실 자체가 이미 나의 삶에 흔적을 남기는 것이다.

진심이란 건 내 마음의 한 모퉁이를 떼어내 그 사람에게 조용히 건네는 일이다. 그 마음을 받는 이는 고마워할 수도 있고, 모른 척할 수도 있고, 가볍게 흘려보낼 수도 있다. 하지만 내가 마음을 다한 순간, 나는 분명히 달라져 있다. 더 다정해졌고, 더 깊어졌고, 더 솔직해졌다. 진심은 상대의 반응이 아니라 나의 변화를 통해 의미를 남기는 것이다. 그런 진심을 낼 수 있다는 사실만으로도 나는 한 뼘 더 사람다워지고, 한 걸음 더 깊은 어른이 되어 간다는 걸 깨닫게 된다.

불교에서는 '수행은 나를 닦는 일'이라고 한다. 그 말은 상대가 어떻게 반응하느냐와 상관없이, 내가 어떤 마음을 내고 사는지가 가장 중요하다는 뜻이다. 마음이 맑고 고요해지는 건 어떤 결과를 얻었기 때문이 아니라, 그 과정을 진심으로 살아냈기 때문이다. 우리가 누군가에게 다가가고, 이해하고, 애쓰는 순간들은 결코 사라지지 않는다. 설령 그 사람이 내 마음을 알아주지 못하더라도 나는 그 마음 내는 법을 배웠고, 그 마음 안에서 자신을 더 잘 알게 되었으니까.

노스님과 차를 마시며, 나는 한때 어떤 관계에서 진심을 쏟고도 상처받았던 경험을 떠올리며 이렇게 말했다.

"그때는 정말 최선을 다했어요. 그런데 그 사람은 내 마음을 몰라주었죠."

그 말을 들은 스님께서 말씀하셨다.

"그래도 너는 네 마음을 알았잖니. 그거면 된 거야."

그 말이 참 오래도록 마음에 남았다. 진심은 결국 나를 위한 것이었다. 진심을 보낸다는 건 누군가를 향한 마음이기도 하지만, 동시에 나 자신을 닦아 가는 길이기도 한 것이다.

진심은 돌아오지 않아도 남는다. 누군가에게 따뜻한 말을 건넸던 순간, 밤늦게 문득 걱정되어 보냈던 짧은 메시지, 이유 없이 전했던 다정한 행동들… 그 모든 마음은 그 사람의 기억에 남지 않더라도 내 삶 안에 남아 있다. 그리고 언젠가, 내가 누군가에게 받은 진심을 떠올리듯이, 누군가도 내가 건넨 진심을 떠올릴지도 모른다. 그게 당장은 아니더라도, 시간이 흘러 마음이 열렸을 때 문득 그 따뜻함이 떠오른다면, 그것만으로도 진심은 어딘가에서 빛나고 있는 것이다.

그러니 혹시라도 마음이 닿지 않아 아프다면, 그 아픔을 너무 부끄러워하지 말자. 당신은 마음을 다할 줄 아는 사람이고, 그 마음은 결코 헛된 것이 아니다. 누군가를 사랑했고, 이해하려 애썼고, 따뜻한 마음으로 바라봤던 당신은, 그 마음을 품은 바로 그 순간부터 더 단단하고 아름다워졌다는 걸 잊지 말았으면 좋겠다.

4장

일상에 불을 밝혀주는 습관들

사소한 행동이 마음을 바꾼다

아침에 일어나자마자 물 한 잔 마신 일,
점심시간에 잠깐이라도 햇볕을 쬐며 걸었던 일,
바쁜 와중에도 친구의 안부에 답했던 마음…
그 모든 장면들이 나에게 다정했던 순간들이다.
우리는 그동안 너무 많은 시간을 반성에만 써왔다.
잘한 건 금세 잊어버리고,
못한 일은 오래 붙잡아 두고 있었다.
하지만 반성만으로는 마음이 자라지 않는다.
다정함이 필요하다.
자신을 따뜻하게 바라보고,
성장하려는 마음을 다독여주는 시선이 있어야 한다.

하루 한 번,
마음 정리를 위한 시간

잠자리에 누웠을 때 문득 '나는 오늘 어떤 마음으로 살았지?'란 생각이 들 때가 있다. 너무 바쁘게 지나간 하루에는 그런 질문조차 떠오르지 않고 침대에 뻗어버리지만, 마음 한구석에는 늘 무언가 정리되지 않은 채 쌓여만 가는 느낌이 든다. 말로 설명하긴 어렵지만 뭔가 복잡하고 애매한 기분이 드는, 그냥 그런 날이 또 지나간 것 같다는 생각만 남는다. 그러다 보면 어느 순간, 내 감정이 어떤 상태인지조차 가늠하기 어려워진다. 내 마음의 창고에 어떤 감정들이 어질러져 있는지도 모른 채, 계속 새로운 날들을 쌓아 가는 것이다.

불교에서는 "마음을 거울처럼 닦아야 한다."라고 말한다. 거울은 본래 맑고 투명하지만, 먼지가 쌓이면 제 모습을 비추지 못한다. 마찬가지로 우리의 마음도 하루하루의 감정과 생각이 쌓이기만 하면 점점 무거워지고 흐릿해진다. 그래서 하루에 한 번쯤은 조용히 마음을 정리해 보는 시간이 필요하다. 꼭 거창한 명상이나 수행이 아니어도 된다. 그저 내 마음을 진심으로 바라보는 짧은 시간, 내면의 어질러진 상태를 가만히 들여다보는 연습만으로도 우리는 하루를 다르게 마무리할 수 있다.

나는 그런 마음 정리의 도구로 짧은 메모를 하기 시작했다. 하루에 단 몇 줄, 그저 나의 마음을 솔직하게 써보는 시간을 갖는 것이다. 기분이 어땠는지, 어떤 일이 마음에 남았는지, 스스로에게 어떤 말을 해주고 싶은지를 조용히 적어 내려가는 그 시간이 생각보다 깊고 따뜻했다.

처음엔 무슨 말을 써야 할지 몰라 어색했지만, 점차 익숙해지면서 마음의 언어가 조금씩 열리기 시작했다. 그날 있었던 일을 억지로 기록하려고 하기보다, 그 일을 겪은 내 마음에 집중했다. 오늘 그 말이 조금 서운했어, 괜찮은 척했지만 사실은 불편했어, 그래도 마지막에 웃을 수 있어서 고마웠어… 같은 말들로 내 마음을 풀어내다 보면, 나도 몰랐던 감정의 결이 드러나기 시작했다.

마음 정리 메모를 하면서 알게 된 건, 감정은 그냥 흘려보내면 흔적을 남겨도 적고 나면 스스로 정리된다는 사실이었다. 누군가에게 마음을 털어놓고 나면 속이 시원해지는 것과도 같은 이치다. 글이라는 형식을 통해 내 마음을 밖으로 꺼내놓으면, 그 감정에서 한 발짝 물러서서 바라볼 수 있게 된다. 그건 마치 복잡한 길 위에서 헤매다가, 높은 곳에 올라 지도를 다시 펼쳐보았을 때와 같다. 감정의 혼란 속에만 있을 때는 길이 안 보이지만, 스스로 마음을 바라보는 위치에 올라서면 훨씬 넓은 시야가 펼쳐진다.

불교에서는 '관觀'의 수행을 중요하게 여긴다. 감정에 휘말리기보다 그 감정을 조용히 관찰하는 연습, 좋은 감정이든 불편한 감정이든 모두 있는 그대로 바라보는 힘을 기르는 것… 마음 정리 메모는 그런 '관찰 훈련'을 일상에서 가장 쉽게 해볼 수 있는 방법 중 하나다. 내 마음을 '기록'하는 것이 아니라 내 마음을 '들여다보는' 과정을 통해, 점점 더 나에게 솔직해지고 내면의 여백을 되찾아가게 되는 것이다.

어떤 날은 그냥 지치기만 한 하루였고, 어떤 날은 괜히 서운한 일들이 많았고, 또 어떤 날은 별일 없지만 마음이 쓸쓸했고… 그런 날들을 하나하나 글로 적어두고 나면, 신기하게도 마음의 무게가 조금씩 가벼워졌다. 마치 감정의 먼지를 털어내듯 매일을 정리하는 습관은, 단지 마음을 정돈하는 것을 넘어서 자신과 더 깊이 만나는 길이 되었다. 내가 지금 어떤 사람인지, 어떤 마음을 품고 살아가는지, 무엇을 두려워하고, 무엇에 감동하고 있는지를 알아가는 시간이 되는 것이다.

누군가는 "그렇게 써서 뭐가 달라지나?" 하고 물을지 모른다. 달라지는 건 세상이 아니다. 나를 바라보는 내 마음의 눈이다. 하루의 끝에서 나에게 귀 기울이는 시간은, 세상의 소음 속에서도 내 중심을 지켜내는 힘이 된다. 사람들은 많은 걸 외부에서 찾으려 하지만, 마음의 평화는 결국 내 안에서 시작된다. 그리고 그 시작은, 내가 나에게 집중해 주는 짧은 순간에서부터 비롯된다.

잠들기 전 단 몇 분이라도 시간을 내어 마음 정리를 위한 메모를 해보자. 꼭 멋진 문장이 아니어도 괜찮다. 그저 '오늘은 조금 힘들었다…' 같은 한 줄이면 충분하다. 그 한 줄이, 내가 나를 다시 만나는 첫 문이 되어줄 것이다.

감사 일기,
그 작은 기적

'나는 고맙다는 말을 얼마나 자주 하고 있지?' 문득 스스로에게 물어본 적이 있다. 누군가에게 감사해야 할 일이 생기면 사람들은 예의상 "감사합니다!"라고 말하지만, 마음 깊이 우러난 진짜 고마움을 느끼는 사람은 대체 얼마나 될까?

하루를 돌아보면 수많은 일들이 스쳐 지나가지만, 그중 어떤 순간에 진심으로 '참 고마운 일'이라고 느꼈는지 떠올리는 건 생각보다 쉽지 않다. 오히려 힘들고 아쉬운 순간들이 더 선명하게 남고, 그런 감정들이 자꾸만 마음을 무겁게 한다. 그럴수록 일부러라도 '감사하다'는 말을 해야 한다. 감사는 자연스럽게 생겨나는 감정이라기보다, 의식하고 발견하는 마음에 더 가깝다.

불교에서는 "마음이 머무는 곳에 삶이 흐른다."라고 말한다. 자꾸 부정적인 감정에 마음을 두면 삶도 그 방향으로 기울고, 감사하고 따뜻한 마음을 자주 되새기면 삶이 그쪽으로 맑아진다는 뜻이다. 감사 일기란 그런 마음의 훈련이다. 바쁘게 살아가는 하루 속에서 잠시 멈추어 '고맙다'라고 말할 수 있는 일들을 찾아보고, 작고 사소해 보이는 순간들 속에서 따뜻한 숨결을 찾아내는 연습이 필요하다.

처음엔 감사 일기를 꾸준히 쓰는 것이 쉽지 않을 것이다. 습관이 되어 있지 않으니 매일 감사할 만한 일을 찾는 게 오히려 억지처럼 느껴지기도 하고, 좋은 일만 적어야 한다는 부담감이 마음을 막기도 할 것이다.

하지만 하루에 단 세 가지, 오늘 있었던 일 중에서 '조금이라도 고마웠던 것'을 적는 데서 시작해 보자. 누군가가 문을 잡아줬던 순간, 갑자기 쏟아진 비를 피할 수 있어서 다행이었던 순간, 피곤한 하루 끝에 따뜻한 물로 씻으며 안도감을 느꼈던 순간… 그런 사소한 것들을 적어 나가다 보면 점점 감사의 감각이 예민해지고, 하루 속의 기쁨들이 눈에 더 잘 들어올 것이다. 마치 흐릿하던 폴라로이드 사진이 점점 선명해지는 것처럼 말이다.

감사 일기는 나를 바꾸기 위한 마음 연습이다. 세상은 그대로 인데, 내가 세상을 바라보는 시선이 달라지는 것이다. 예전에는 불편하게만 느껴졌던 일들이 어느 순간부터는 '그 안에서 내가 배운 것'을 떠올리게 되고, 짜증나고 힘들었던 상황도 '지나가서 다행'이라는 시선으로 마무리하게 된다. 감사는 현실을 미화하는 게 아니라, 현실 속에서 내 마음을 어떻게 붙잡을지를 결정하는 힘이다. 고통을 없애주는 게 아니라, 고통에 휘둘리지 않게 해주는 내면의 중심 같은 것이다.

불교에서는 '지금 이 순간의 조건이 곧 인연'이라고 말한다. 내 곁에 있는 사람, 나에게 주어진 일, 내가 마주한 시간과 날씨… 이 모두가 하나의 인연이라는 것이다. 그 인연을 고마워할 수 있을 때, 우리는 삶과 화해할 수 있다. 감사 일기를 쓰는 건 결국 인연을 다시 바라보는 일이기도 하다. 당연하다고 생각했던 것들이 실은 당연하지 않다는 걸 깨닫게 되는 순간, 우리는 지금 이대로의 삶이 충분히 소중하다는 사실을 느끼게 된다.

매일 같은 시간에 감사 일기를 쓰는 습관은 마음을 단단하게 만들어준다. 특히 잠들기 전, 하루를 돌아보며 감사한 일 세 가지를 적는 순간은 하루 중 가장 조용하면서도 따뜻한 시간이 된다.

그렇게 하루를 고마운 일로 마무리하면, 다음날 아침을 더 가벼운 마음으로 시작할 수 있다. 세상은 그대로지만, 나의 내면이 하루하루 정리되고 채워지는 경험을 나는 '작은 기적'이라고 부르고 싶다. 감사는 나를 가볍게 만드는 동시에 깊게 만들어준다.

특별한 일이 생겼을 때가 아니라 오히려 평범한 날들 속에서 감사를 발견하려고 할 때, 삶은 더 많은 빛을 품게 된다. 오늘 하루 무사히 지나가서 고맙다, 밥을 먹을 수 있어서 고맙다, 마음을 나눌 수 있는 친구가 있어서 고맙다… 같은 문장은 우리가 얼마나 많은 것을 이미 누리며 살아가고 있는지를 보여준다.

설거지도
수행이 된다면

하루 일과가 모두 끝나고 나면 늘 남는 일이 있다. 바로 설거지다. 한 끼 잘 먹고 싱크대에 쌓인 그릇들을 보면 절로 한숨이 나온다. '내일 아침에 할까' 꾀가 나 미루기도 하고, 억지로 손을 걷어붙이지만 내키지 않은 마음이 묻어나기도 하다. 사실 설거지는 그 자체로는 대단한 일이 아니지만, 일상 속에 쌓이는 피로와 함께라면 반복되는 작은 일 하나에도 마음이 흐트러지기 마련이다. 그러다 문득 '만약 설거지도 수행이 될 수 있다면?'이란 생각이 들었다.

불교에서는 "일상 그 자체도 수행이 될 수 있다."라고 한다. 꼭 좌선하고 염불을 외어야만 수행이 아니다. 밥 짓고, 청소하고, 물

긴고… 몸을 움직이는 매 순간에 깨어 있으면 그 모든 일이 수행이 된다는 것이다. '작은 일에도 마음을 담는 것'이 수행의 본질이기 때문이다.

그렇다면 설거지를 하면서도 마음을 닦을 수 있다. 그릇을 하나하나 씻는 반복적인 동작 속에서 흩어진 마음을 차분히 모을 수 있다. 물소리를 들으며 내 호흡을 가만히 바라보고, 그릇 하나를 씻을 때마다 내 마음의 먼지도 함께 닦여 나간다고 생각하면, 설거지는 단순한 집안일이 아니라 내 안의 평화를 다듬는 시간으로 바뀔 수 있다.

예전의 나는 설거지를 하면서 늘 다른 생각을 했었다. '오늘은 왜 이렇게 피곤하지?', '그 사람 말은 왜 그렇게 거슬렸지?', '내일은 뭘 해야 하지?' 같은 생각들이 머릿속에서 계속 맴돌았다. 손은 움직이고 있지만 마음은 온통 과거나 미래에 가 있었던 것이다. 그런데 어느 날, 여느 때와 같이 설거지를 하다가 문득 손끝에 닿는 따뜻한 물의 감촉이 유난히 좋게 느껴졌다. 그리고 그 순간이 그렇게 고요하고 따뜻할 수 있다는 걸 처음 알았다. 그 뒤로 나는 설거지할 때마다 잠시 마음 멈추는 연습을 한다. 그러면 그릇을 헹굴 때마다 나의 하루도 정리되는 기분이 든다.

설거지는 나의 흔적을 정돈하는 일이다. 하루의 흔적을 정성스럽게 정리하는 과정에서 나의 삶도 조금씩 다듬어진다. 불교에서는 "마음은 늘 흐르고 있기 때문에, 자주 되돌아보아야 맑게 유지된다."라고 말한다. 그 되돌아봄의 순간을 꼭 특별한 장소나 시간에서 찾을 필요는 없다. 오히려 하루의 틈새, 가장 평범한 일상 속에서 그 순간을 발견할 수 있는 것이다.

우리는 매일의 생활 안에서 수도 없이 많은 수행의 기회를 만나고 있다. 다만 그것을 수행으로 받아들이느냐, 그냥 반복되는 일상의 피로로 여기느냐에 따라 마음의 상태는 아주 다르게 흘러간다.

'지금 이 행위 안에 나의 마음이 있나?'

나는 설거지를 하면서, 발걸음을 옮기면서, 밥을 먹으면서도 자주 물어본다. 만약 내 마음이 어디론가 달아나 있다면, 다시 이 순간으로 돌아오자고 말한다. 그게 불교에서 말하는 '지금 여기 깨어 있음'의 연습이다. 마음은 쉽게 흐트러지지만, 또 쉽게 돌아올 수 있다. 설거지하면서 마음이 떠나도 괜찮다. 다시 돌아오면 되니까. 그 돌아오는 연습이 바로 수행이다.

사찰에서 수련을 할 때 스님들이 가장 강조하는 건 바로 '일상

속 깨어 있음'이다. 대중공양을 준비하면서도, 마당을 쓸면서도, 물을 기르면서도 그 마음을 잃지 않으려는 태도가 수행의 본질이자 삶의 자세다. 설거지를 수행이라 생각해 보는 건, 그런 일상의 지혜를 내 삶 안으로 가져오는 일이다. 세제를 묻힌 수세미가 만들어내는 거품을 바라보면서 '내 마음속 불필요한 생각들도 이렇게 닦여 나가고 있구나'라고 생각하는 것만으로도 이미 내 마음은 한층 가벼워져 있다.

아직 남은 설거지가 있다면, 그 시간을 잠깐의 명상으로 삼아 보자. 누구의 시선도 닿지 않는 부엌 한 켠에서, 조용히 마음을 가라앉히고 내 숨결과 물소리에 귀를 기울여 보자. 그렇게 반복적인 행동 속에서 깨어 있는 연습을 하다 보면, 삶이 조금씩 다르게 느껴질 것이다. 설거지라는 행위가 그릇을 닦아야만 하는 귀찮은 시간이 아니라, 내 안의 어지러운 생각을 정돈하는 시간임을 느끼게 될 것이다.

걷는 명상으로
나를 만나는 시간

마음이 복잡할 때 사람들은 종종 '좀 걸어야겠다'라고 말한다. 머리가 식지 않으면 생각 정리도 안 되고, 방 안에 가만히 앉아 있자니 답답하기만 하기 때문이다. 그렇게 길을 나서서 바람이 스치는 골목을 걷고, 익숙한 길 위에서 무언가를 놓아 보려 애쓴다. 걷는 일은 아주 단순하고 익숙하지만, 이상하게도 마음에 고요를 불러오는 힘이 있다. 말없이 움직이기만 해도 감정의 수면이 잔잔해지고, 멈춰 있던 생각들이 다시 흐르기 시작한다. 그것이 걷기의 마법이자 명상으로 이어지는 힘이다.

불교에서는 수행의 중요한 한 방법으로 '걷기'를 말한다. '경행經行'이라고도 불리는 걷는 명상은, 단순히 이동을 위한 걷기가 아니라 지금 이 순간을 온전히 느끼기 위한 걷기다. 발을 딛는 그 순간, 땅과 내 몸이 만나는 감각에 집중하고, 내 호흡이 들고나는 흐름을 알아차리며, 마음을 현재로 끌어들이는 것이다. 경행은 걸음 하나에도 마음을 담고, 걸음마다 나를 만나는 수행이다. 속도를 내는 것이 목적이 아니므로, 천천히 걷되 의식적으로 한 걸음 한 걸음을 내딛는다. 그 안에서 우리는 비로소 내면의 소리에 귀를 기울일 수 있게 된다.

나는 종종 사람 없는 공원길을 천천히 걷곤 한다. 처음에는 그저 기분 전환을 위해 나선 길이었지만, 걸으면 걸을수록 마음이 조금씩 가벼워지고, 내 안의 묵은 감정들이 하나둘 씻겨 나가는 느낌이 들었다. 걸음이 반복될수록 생각은 점점 멀어지고, 어느 순간에는 아무 생각 없이 그저 걷기에 열중한 나를 발견하게 된다. 처음엔 머릿속이 시끄러웠지만, 천천히 걷는 속도에 맞춰 내 호흡도 부드러워지고 마음 또한 고요히 흐르기 시작한다. 그렇게 걸음이 깊어질수록 그 안에서 만나는 것은 나 자신이라는 사실을 깨닫게 된다.

걷는 명상은 '무언가를 하기 위한 걷기'가 아니다. 어딘가에 도달하기 위한 목적도 없고, 누군가와 이야기하며 속도를 맞출 필요도 없다. 그저 발끝의 감각, 무릎의 움직임, 땀이 맺히는 이마, 흐르는 바람을 느끼며 나와 함께 걷는 시간이다. 사람들은 너무 많은 생각 속에 잠겨 '지금 여기'를 잃곤 한다. 걷는 명상은 그런 이들을 '지금 여기'로 데려오는 가장 온화한 초대장이 된다.

불교에서는 '일상 속 깨어 있음'이 진짜 수행이라고 한다. 걸음 하나에도 깨어 있으면 그 길이 곧 '도道'가 되고, 그 걸음이 곧 진리와 마주하는 길이 된다. 꼭 특별한 장소가 아니어도 괜찮다. 아파트 단지의 돌길이든, 동네의 골목이든, 심지어는 집 안을 오가며 짧게 걷기만 해도 좋다. 중요한 건, 내가 지금 걷고 있다는 사실을 알아차리는 것이고, 그 알아차림이 지금 이 순간 나와 연결되어 있다는 것을 느끼는 것이다.

걷는 동안 나는 스스로에게 묻는다.

'지금 괜찮아?'

'억지로 참거나 억누르고 있는 게 있어?'

이런 질문은 답을 찾기 위한 것이라기보다 그냥 그 질문과 함께 걷고자 것이다. 때론 걸음과 함께 울컥하는 감정이 올라오기도 하고, 말로 설명되지 않는 슬픔이나 막연한 불안이 불쑥 얼굴을 내밀기도 한다. 하지만 걷는다는 행위는 그런 감정마저 품고 데려갈 수 있는 너그러움을 지니고 있다. 그래서 걷는 명상은, 슬픔을 치유하고 내면의 소란을 가라앉히는 데 아주 좋은 방법이 되기도 한다.

걷고 나면 누군가 내 어깨에 손을 얹고 "괜찮아, 다 지나갈 거야."라고 말해준 듯 따뜻하고 무언가 풀어진 듯한 느낌이 남는다. 그리하여 걷기는 삶에 꼭 필요한 작은 정화의 시간이 된다. 굳이 멀리 가지 않아도, 아주 가까운 길 위에서 나를 만나는 연습은 얼마든지 가능하다.

하루 중 단 10분이라도, 누구의 방해도 없이 조용히 걷는 시간을 가져 보자. 그 짧은 고요가 내 삶을 얼마나 유연하게 바꿔주는지, 걸어 본 사람만이 알고 있을 것이다.

스마트폰과
잠시 이별하기

아침에 눈뜨자마자 가장 먼저 손이 가는 곳이 어디인가? 혹시 베개 옆에 놓아둔 스마트폰은 아닌가? 현대인들은 대부분 스마트폰과 함께 하루를 시작하고 끝마친다. 수면 상태였던 두뇌는 알람 소리와 동시에 다시 디지털 세계로 끌려들고, 아직 눈도 제대로 뜨지 못한 채 뉴스 헤드라인을 훑고, 소셜미디어를 체크하고, 어제 놓쳤던 메시지를 확인한다. 그렇게 깨어난 하루는 나를 중심으로 시작되기보다는, 외부 정보와 타인의 말에 휘둘리며 이미 정신이 분주해진 상태로 흘러가게 된다.

나도 다른 이들과 다를 바 없었다. 그저 단 몇 분 가만히 있으면 불안감이 밀려왔고, 그 불안을 무마하기 위해 다시 손은 스마트폰으로 향했다. 그러다 보니 머릿속은 계속해서 새로운 자극을 요구하고, 마음은 고요할 틈이 없어진다. 눈앞의 일에 집중하고 싶어도 집중이 안 되고, 혼자 있는 시간조차도 누군가와 연결되어 있어야만 안심이 된다. 그렇게 나는 점점 내 안의 소리를 듣지 못하게 되었다. 그러다 어느 날, 손에 쥔 기계 하나에 내 마음이 이리저리 끌려 다닌다는 사실에 갑자기 숨이 막혀 왔다.

불교에서는 '무명無明'이라는 말을 자주 한다. 자신이 어디에 갇혀 있는지도 모른 채 살아가는 무지의 상태를 말한다. 스마트폰 중독도 그런 무명의 한 모습이다. 우리는 스스로 선택한다고 생각하지만, 사실은 습관과 자극에 휘둘리는 상태에 가깝다. 수많은 알림과 소식들 사이에서 마음은 산란해지고, 지금 이 순간과는 점점 멀어지게 된다. 무엇보다 안타까운 건, 그런 산만함 속에서 나 자신과의 연결을 잃어버린다는 점이다. 그저 아무것도 하지 않고 조용히 있을 수 있는 힘, 그 고요를 견디는 마음의 근력이 점점 약해지고 있다.

그래서 나는 스마트폰을 내려놓는 연습을 해보기로 했다. 처음에는 짧게, 단 10분만이라도 스마트폰에서 손을 떼고 조용히 앉아 있는 거다. 그 시간 동안 무엇을 하든 자유지만, 중요한 건 폰을 보지 않는다는 데 있다. 그리고 그 10분이 점점 늘어나 어느새 30분, 한 시간까지 이어졌다. 그 시간 동안 나는 책을 읽거나 산책을 하기도 하고, 그냥 하늘을 올려다보며 멍하니 있기도 했다. 처음에는 어색하고 불안했지만, 점점 익숙해지면서 그 시간이 나에게 쉼이 되어주었다. 정보가 아닌 침묵으로 채우는 시간, 연결이 끊긴 고립이 아니라 고요함으로 회복되는 시간이 되었다.

불교에서는 '정념正念'을 강조한다. 깨어 있는 마음, 지금 이 순간을 온전히 바라보는 힘을 말한다. 그런데 스마트폰을 계속 들여다보는 삶은 그 정념을 방해한다. 늘 다음 장면을 예측하려 하고, 다음 알림을 기다리며, '지금 여기'의 감각을 놓치고 있다. 눈앞의 사람보다 손안의 화면에 집중하고, 진짜 대화보다 자극적인 피드 속 이미지에 마음을 빼앗긴다. 그런 삶이 지속되다 보면, 마음은 깊어지지 않고 생각은 자주 산만해진다. 그러니 '잠시 이별하기'는, 단순히 기계를 멀리하는 게 아니라, 나 자신을 되찾는 시간이 된다.

나는 요즘 하루 중 한 시간은 스마트폰을 비행기 모드로 해놓는다. 그 시간 동안, 나는 누구와도 연결되지 않는다. 처음에는 뭔가 불안하고 손해 보는 느낌이 들었지만, 이제는 오히려 그 시간이 내 하루를 단단하게 만들어주고 있음을 안다. 외부의 반응에 휘둘리지 않고 내 감정과 생각을 정리할 수 있는 시간, 내 안의 목소리를 다시 듣게 되는 귀한 시간이 되고 있다. 그 시간을 보내고 다시 스마트폰과 함께하는 일상으로 돌아오면, 전보다 훨씬 더 여유 있게 세상과 연결될 수 있다.

현대인은 스마트폰으로 많은 것들을 얻고 있지만, 그만큼 많은 것을 잃고 있기도 한다. 집중력, 깊은 관계, 조용한 사유… 그리고 무엇보다 내면의 평화를 되찾아야 한다. 그러니 가끔은 스마트폰과 의도적으로 멀어져 볼 필요가 있다. 단절이 아니라 회복을 위한 거리 두기가 필요하다.

하루에 단 30분만이라도 스마트폰을 내려놓고 조용히 나를 바라보는 시간을 갖자. 그 시간이 당신의 마음에 생각보다 깊은 여운을 남길 수 있다.

마음 챙김 청소

별일도 없는데 기분이 찌뿌둥하고 마음이 답답한 날이 있다. 무언가를 해야 할 것 같지만 손에 잘 잡히지 않고, 괜히 사소한 일에도 짜증이 나고, 온몸이 늘어지는 날…. 그런 날이면 그저 멍하니 몇 시간을 보내다 하루를 잃고 만다.

나도 그런 날이 있었다. 하루는 멍하니 몇 시간을 보내다, 안 되겠다 싶어서 자리에서 일어나 청소기를 꺼내들었다. 바닥을 닦고, 먼지를 털고, 책상 위에 쌓인 종이들을 정리하고 나니 이상하게도 마음이 조금 나아졌다. 뭔가 정리되지 않던 기분들이 청소와 함께 조금은 맑아진 것 같았다. 그때 알게 되었다. 청소는 단순히 공간을 정리하는 일이 아니라, 내 마음을 다스리는 하나의 방식이 될 수 있다는 것을 말이다.

불교에서 말하는 수행은 단지 좌선하거나 염불을 외우는 행위에만 국한되지 않는다. 오히려 일상의 모든 동작과 순간 속에서 '깨어 있기'만 해도 그 자체가 수행이 된다. 그래서 스님들은 매일 대청소를 하고 걸레질을 하면서도 마음을 챙긴다. 청소는 몸을 움직이는 동시에 마음도 함께 움직이는 일이라는 것을 그분들은 알고 계시기 때문이다.

우리는 청소를 그저 먼지 제거라고만 생각하지만, 알고 보면 그 먼지는 우리 마음의 찌꺼기이기도 하다. 눈에 보이는 어수선함은 곧 마음속 어지러움의 반영이다. 그래서 공간을 정리하는 건 곧 내면을 정리하는 일과 맞닿아 있다.

나는 자주 '마음 챙김 청소'를 한다. 일부러 조용한 음악을 틀고, 청소 도구 하나하나를 느긋하게 준비한다. 먼지 하나를 닦으면서도 지금 내가 하고 있는 일을 속으로 되뇐다. 처음엔 의식적으로 집중하려고 애써야 했지만, 점차 몸과 마음이 익숙해지면서 그 시간이 점점 편안해졌다. 청소라는 단순한 활동이 일종의 명상처럼 느껴지기 시작했다. 바닥을 밀 때마다 마음도 차분해지고, 쓸고 닦는 반복적인 동작 안에서 복잡했던 감정들이 하나씩 정리되는 기분이 들었다.

청소는 신기하게도 나 자신을 다시 바라보게 해준다. '왜 저 구석을 늘 지나쳤지?', '왜 이 먼지를 못 본 척하고 있었지?' 같은 생각이 들면서, 내 마음속 응어리도 저 먼지처럼 무심히 쌓여 있을지 모른다는 자각이 찾아온다. 마음속 묵은 감정, 오래된 미련, 정리하지 못한 후회들처럼 마주하기 껄끄러운 감정들이 방구석의 먼지처럼 내 마음 구석에 방치되어 있을 것만 같았다. 그래서 나는 청소를 하며 내 마음의 구석구석을 들여다본다. 미처 신경써주지 못했던 부분들을 닦아내듯, 나를 가만히 어루만지는 시간이 되는 것이다.

불교에서는 무심히 하는 것이 아닌 '마음을 두는 것'이 중요하다고 말한다. 같은 청소도 어떤 마음으로 하느냐에 따라 전혀 다른 행위가 된다. 귀찮지만 어쩔 수 없어서 하는 청소와, 내 삶을 한번 들여다보겠다는 마음으로 하는 청소는 완전히 다르다. 후자는 마음을 돌보는 일이 되고, 나를 챙기는 일이 된다. 그래서 내 몸이 움직이는 동안, 마음도 조금씩 가벼워진다. 나는 청소를 하며 스스로에게 말을 건넨다.

"오늘도 고생했어. 지금 너를 위해 이 공간을 정리하고 있어."

그렇게 청소를 할 때는 나를 평가하지 않아도 된다. 잘하고 있는지, 다른 사람 눈에는 어떻게 보일지 따지지 않아도 된다. 오롯이 나를 위한 시간이며, 나만을 위한 움직임이다.

나는 그 단순함이 참 좋았다. 아무리 복잡한 날이라도, 청소라는 정직한 반복 속에서 움직이다 보면 머리가 맑아지고 마음이 고요해졌다. 청소를 통해 나는 내 마음을 존중하는 법을 배웠다. 나를 무시하지 않고, 내 감정을 밀어내지 않고, 그저 바라보고 다독이는 마음…. 청소는 그런 마음의 자세를 익히는 좋은 도구가 되어준다.

조용히
밥 먹는 연습

어느 순간부터 밥 먹는 일이 너무 성급해졌다는 걸 느꼈다. 스마트폰을 보면서 한 손으로 음식을 퍼 넣거나, 유튜브 영상을 틀어놓고 멍하니 씹고 삼킨다. 이쯤되니 누군가 끼니의 메뉴를 물어도, 먹긴 했는데 뭘 먹었는지 제대로 기억나지 않았다. 허기를 채운 건 분명한데, 그 시간이 내 안에 어떤 의미도 남기지 못한 채 흘러가버린 거다. 그런 날들이 반복되다 보니 식사라는 행위가 단지 하루의 의무처럼 느껴지기도 했다. 그러다 보니 '나는 왜 밥 먹는 시간조차 이렇게 허겁지겁 지나치고 있을까? 밥을 잘 먹는다는 건 도대체 어떤 걸까?' 싶은 생각이 들었다.

불교에서는 '발우공양'이라는 아주 특별한 식사 의식을 중요시한다. 스님들은 조용히 줄을 서서 자신의 발우를 들고, 정해진 순서에 따라 음식을 담고, 아무 말 없이 감사한 마음으로 음식을 받아들이는 시간이다. 음식을 대하는 자세 하나하나에 깃든 정성과 절제, 그리고 그 안에서 이루어지는 마음의 집중이 얼마나 깊은 울림을 주는지 모른다. 그들은 단지 배를 채우기 위해 밥을 먹는 것이 아니라, 삶을 살아가는 또 하나의 방식으로 밥을 먹는다. 나는 그 모습에 깊은 감동을 받았고, 아주 작게라도 일상에서 실천해보고 싶은 마음이 들었다. 그래서 시작한 것이 '조용히 밥 먹는 연습'이었다.

처음에는 식사 중에 스마트폰을 멀리 두는 것만으로도 어색했다. 혼자 먹는 밥상이 괜히 허전하고 정적이 낯설었다. 하지만 그 어색함의 시간이 조금만 지나면, 조용한 식사 시간이 생각보다 따뜻하고 묵직하다는 걸 알게 된다. 반찬을 하나하나 씹으면서 이 재료가 어떤 계절을 거쳐 여기까지 왔는지 상상해보기도 하고, 식감이나 향을 천천히 음미하다 보면 그제야 식사가 온전히 내 것이 되는 기분이다. 혼자지만 외롭지 않고, 말이 없어도 마음이 고요해진다.

'지금 너의 몸이 이 영양을 받아들이고 있어.'

'지금 이 밥 한 숟가락이 네 하루를 지탱해줄 거야.'

그렇게 내 안의 생명을 바라보는 시선이 생기기 시작하면, 식사는 단순한 행위를 넘어서 내 삶에 대한 감사와 돌봄의 시간이 된다.

현대인들은 종종 너무 많은 것들을 하느라 정작 먹는 시간을 미루고 놓쳐버리곤 한다. 그러나 잘 먹는다는 건 곧 나를 존중하는 일이다. 밥을 먹는다는 건 그저 끼니를 때우는 시간이 아니다. 나를 위해 정성껏 음식을 고르고, 그 음식을 있는 그대로 받아들이며, 내 몸과 마음을 돌보는 시간인 것이다. 그 한 끼 안에는 우리가 생각하는 것보다 훨씬 더 많은 것이 들어 있다.

조용히 밥을 먹는다는 건 단지 소리를 내지 않는다는 뜻이 아니다. 말없이 입을 다문다고 해서 조용한 게 아니라, 그 시간 동안 내 마음이 어디에 있는지를 알아차리는 게 중요하다.

밥을 먹으면서도 머릿속은 전혀 다른 곳에 가 있는 사람들이 많다. 지나간 일이나 다가올 일에 대한 후회와 걱정으로 밥을 먹는 습관은, 음식을 삼키면서도 마음은 한참 굶주려 있는 상태일지 모른다. 반대로, 그저 조용히 음식의 향과 질감을 느끼며 오롯이 지금 이 한 끼에 집중할 수 있다면, 마음과 나란히 앉아 함께 먹을 수 있게 된다.

나는 요즘 하루 중 한 끼는 꼭 조용히 먹으려고 한다. 어떤 소리나 화면 없이, 나와 음식만 남은 식탁에서 천천히 한 숟가락씩 음미하는 시간을 갖는다. 때로는 그 시간이 명상보다 더 큰 평온을 가져다준다. 그렇게 조용히 밥을 먹고 나면 몸은 물론이고 마음까지도 무언가 채워진 듯한 기분이 된다. 이 깊은 만족감은 아마도 밥을 먹고 있는 동안만큼은 나를 완전히 돌보고 있었다는 증거일 것이다.

식물 키우기,
나를 돌보는 마음

공기정화 효과가 있다는 말을 듣고 화분 하나를 들여놓았다. 처음 식물을 들였을 때는, 그저 초록빛 무언가가 내 방 안에 하나쯤 있으면 좋겠다는 가벼운 마음이었다. 물을 주고 햇빛을 쬐어주는 정도의 관심을 가지면 충분할 거라 생각했다. 그런데 의외로 그 작은 초록 식물이 나에게 건네는 마음의 메시지는 생각보다 깊고 조용했다.

물을 자주 줘야 할 줄 알았던 아이가 오히려 과습에 약하다는 사실을 알고 당황하기도 했고, 새 잎이 나기까지의 기다림이 생각보다 길어서 그저 하루하루 초조하게 들여다보며 때때로 의심스러운 눈초리를 보내기도 했다. 그러다 어느 날, 작고 여린 새순이

뾰족 올라오는 걸 보았을 때는 설명할 수 없는 감정이 마음을 가득 채웠다. 마치 내 안에 조용히 숨 쉬고 있던 생명력 하나가 함께 피어난 것 같았달까.

불교에서는 '연기緣起의 법칙'을 말하곤 하는데, 모든 존재는 서로 의지하고 연결되어 있다는 가르침이다. 식물은 그 자체로 조용한 생명이다. 말을 하지도 움직이지도 않지만, 그 안에 확실한 존재감이 있다. 말없이 빛을 찾고, 말없이 물을 흡수하고, 말없이 자기 자리를 지키며 살아간다. 그런 식물 앞에 서면, 저절로 말의 속도를 줄이게 되고, 마음도 조금씩 가라앉는다.

식물을 키운다는 건 어쩌면 '내가 누군가를 보살피고 있다'라는 감각을 되찾는 일이기도 하다. 바쁜 일상 속에서 '무언가를 돌보는 행위'는, 잊고 지냈던 내면의 부드러움을 다시 꺼내게 한다. 하루 한 번쯤 잎을 쓰다듬고, 흙을 살펴보고, 물을 줄 때마다 마치 내 자신의 안부를 확인하는 기분이 든다.

'나, 지금 잘 살고 있는 거 맞지?'

'오늘 하루도 무사히 보내다니, 얼마나 고마운 일이야.'

식물은 내 감정엔 일일이 반응하지 않지만, 내 태도에는 분명히 반응한다. 물을 주는 손길이 부주의할 때면 흙이 엉기고 잎이 처지고, 지나치게 관심을 가지면 오히려 숨통을 조인다. 그래서 식물을 키운다는 건 단순히 생명 하나를 돌보는 게 아니라, 내 마음의 과잉이나 결핍을 돌아보는 일이기도 하다. 잘하려고 애쓰는 조급함이나 미뤄두려는 무관심이 화분 속에서 천천히 드러난다. 하여 나는 식물 앞에서는 자주 나 자신에게 묻는다.

"지금 마음이 어때?"

"지금 이 마음으로 충분해?"

그렇게 매일의 아주 작은 돌봄이, 내 내면을 다독이는 연습이 된다.

어느 날, 나는 식물 앞에서 오래 멈춰 서 있었다. 무언가를 하거나 누구를 만나기도 싫을 만큼 마음이 지쳐 있었고, 유난히 기운이 빠진 날이었다. 그런데 작은 화분 속 초록 잎들이 여전히 조용히 자리를 지키고 있는 걸 보면서 이상하게도 위로받는 기분이 들었다. 아무것도 하지 않아도 존재로서 충분하다는 것, 빛을 향해 나아가려는 그 작은 몸짓 하나가 삶에 대한 아주 순수한 대답처럼 느껴졌기 때문이다.

식물은 말하지 않지만 존재로 말하고, 움직이지 않지만 변화를 보여준다. 그런 존재를 곁에 두고 살아간다는 건, 말 그대로 내 곁에 작은 수행처 하나를 두고 사는 것과 같다.

불교에서는 '자비'라는 말을 참 소중히 여긴다. 자비는 타인을 향한 마음이기도 하지만, 동시에 나 자신을 향한 부드러움이기도 하다. 식물을 키운다는 건, 그 자비를 가장 일상적인 방식으로 실천하는 일이 될 수 있다.

나의 관심과 손길이 닿는 곳에 생명이 피어나는 경험은, 내가 누군가의 안녕에 기여할 수 있다는 확신을 심어준다. 그 믿음은 결국 나 자신에 대한 믿음으로 이어진다. 무언가를 돌볼 수 있는 존재라는 것, 누군가에게 충분히 따뜻할 수 있는 사람이라는 감각이야말로 살아가는 데 꼭 필요한 마음의 뿌리가 아닐까. 작은 초록 잎 하나를 돌보는 마음이 결국 자신을 살피는 일이 된다.

'아무것도 안 하기'
챌린지

잠시라도 가만히 있으면 안 될 것 같은 기분이 들 때가 있다. 아침에 눈뜨자마자 무언가를 해야 하고, 그걸 끝내면 또 다른 일을 계획하고, 쉬는 시간마저도 무언가 채워 넣지 않으면 허전해진다. 아무 일도 하지 않고 시간을 흘려보내면 마치 엄청난 잘못이라도 저지른 것처럼 죄책감이 느껴지고, 잠시 멈춰 서면 나만 뒤처지는 듯 불안해진다. 어릴 때부터 우리는 늘 '무언가를 해야 한다'는 교육을 받아 왔고, '성실함'은 곧 바쁨과 연결되어 있었다. 가만히 있는 시간은 게으름처럼 여겨졌고, 쉬는 것조차 자격이 있어야만 허용되는 일처럼 느껴졌다.

하지만 불교에서는 그런 '행위 중심'의 사고에서 한 걸음 물러나 '존재 그 자체'를 바라보는 연습을 권한다. 수행이란 반드시 무언가를 하는 것이 아니라, 때로는 아무것도 하지 않고 그저 '있는 그대로의 나'를 알아차리는 데서 출발하기도 한다.

좌선의 기본도 그것이다. 눈을 감고 아무것도 하지 않으며 앉아 있는 것. 몸도 움직이지 않고, 말도 하지 않고, 생각도 멈추고, 그저 '존재하는 나'를 바라보는 시간…. 그렇게 아무것도 하지 않는 시간이 오히려 우리 내면에 더 많은 것을 가르쳐준다.

그래서 나는 가끔 '아무것도 안 하기' 챌린지를 한다. 거창한 건 아니고, 그저 정해진 시간 동안 정말 아무것도 하지 않는 것을 목표로 한다. 먼저 스마트폰을 끄고, 음악도 틀지 않고, 책도 읽지 않고, 말도 하지 않고… 단지 조용한 공간에 가만히 앉아 있는 것이다.

처음에는 온갖 생각이 밀려온다. 오늘 할 일, 미뤄둔 일, 해야만 할 것 같은 일들이 마음을 계속 두드리며 가만히 있으려던 결심을 흔들어 놓는다. 그러나 그 순간에도 그러한 생각들을 억지로 떨쳐내려 하지 말고, 그저 '아, 지금 생각이 많구나' 하고 바라보는 거다. 마치 하늘에 흐르는 구름처럼, 마음에 떠오르는 생각들을 흘려보내자.

이 연습을 통해 나는 '아무것도 하지 않는 시간이야말로 내가 나를 가장 선명하게 만나는 시간'이라는 것을 깨달았다. 우리는 뭔가를 하고 있을 때 오히려 자신을 잊는다. 일에 몰두하고, 사람을 만나고… 무언가를 끊임없이 흡수하고 표현하면서도 정작 내 마음이 어디를 향하고 있는지는 살피지 못한다. 그래서 '아무것도 하지 않기'는 단순한 휴식이 아니라, 나에게 가장 집중하는 시간이 된다. 몸은 멈추어 있지만, 마음은 천천히 내면의 깊은 곳으로 가라앉아 조용히 내 감정을 들여다볼 수 있다.

불교에서는 '무위無爲'라는 개념을 소중히 여긴다. 무위는 아무것도 하지 않는 게 아니라, 인위적으로 애쓰지 않고 자연스럽게 존재하는 상태를 말한다. 강을 거슬러 올라가지 않고 물 흐름에 몸을 맡기는 것처럼, 삶의 흐름 속에서도 억지로 버티거나 조급해하지 않고 자연에 자신을 맡기는 자세다. '아무것도 안 하기'는 바로 그 무위의 연습이다. 세상이 요구하는 속도에서 잠시 벗어나, 내 호흡의 속도에 맞춰보자. 그러다 보면 숨이 길어지고, 눈에 보이지 않던 마음의 결도 보이기 시작한다.

나는 그 시간을 '속도에서 벗어난 고요'라고 부른다. 바쁜 시간 속에서는 보이지 않던 작은 감정들이 모습을 드러내고, 그동안 놓쳤던 몸의 피로와 가슴속에 얹혀 있던 말들, 억눌렀던 감정들이 조용히 올라온다. 그 감정들이 괜히 더 무겁게 느껴져서 처음엔 불편할 수 있다. 하지만 그 감정들을 억지로 쫓아내지 않고, 그대로 바라보는 연습이 마음의 탄력을 만들어준다. 결국 중요한 건, 내가 그 자리에 함께 머물 수 있는지, 그 감정들을 안아줄 수 있는지이다.

'아무것도 안 하기'는 시간을 낭비하는 일이 아니다. 오히려 그 시간을 통해 나를 회복하고, 다시 살아갈 힘을 얻을 수 있다. 하루 10분도 좋고, 주말의 한 시간이라도 괜찮다. 아무것도 안하는 시간을 자신에게 선물해 보자. 멍하니 창밖을 바라보거나 조용히 눈을 감고 앉아 있는 것만으로도, 삶의 리듬이 부드럽게 정돈되는 걸 느낄 수 있을 것이다. 꼭 무언가를 하지 않아도 당신은 이미 충분히 괜찮은 존재라는 것을 그 시간이 알려줄 것이다.

나에게
잘한 일 한 가지

불을 끄고 누운 채 눈을 감으면 온갖 생각들이 밀려들곤 한다. 오늘 왜 그렇게 말했을까, 그 일은 더 잘할 수 있었는데, 내가 너무 부족했던 건 아닐까… 그렇게 하루를 돌아보며 스스로를 채찍질한다. 잘한 일보다 못한 일이 먼저 떠오르고, 따뜻한 말보다 부족했던 말 한마디가 마음에 오래 남는다. 하루를 잘 버텨낸 자신을 칭찬하기보다는 실수한 장면을 되풀이하며 자책하게 된다. 그러다 보면 하루의 끝이 점점 무거워지고, 눈을 감아도 마음이 잘 쉬어지지 않는다.

그런데 어느 날, 읽던 책에서 이런 글귀를 발견했다.

"잠들기 전, 오늘 나에게 가장 잘한 일 한 가지를 떠올려보라."

그 문장을 보는 순간, 마음 어딘가가 따뜻하게 풀어지는 기분이 들었다. 나는 왜 그동안 그렇게 살갑게 나 자신을 바라보지 못했을까, 왜 좋은 일 하나쯤은 꼭 인정해 주지 않았을까….

그날 이후 나는 하루에 한 가지, 나 자신에게 잘한 일을 떠올리는 습관을 만들었다. 거창한 일일 필요도 없고, 그저 작은 사실 하나만으로 충분했다. 피곤하니까 무리하지 않고 일찍 잠자리에 든 것, 누군가의 말을 참을성 있게 들어준 것, 힘들어도 약속을 지킨 것, 우울한 날이었지만 언제나처럼 일어난 것 등등… 그런 작고 사소한 순간들을 곱씹다 보니, 그날 하루가 조금씩 다르게 보이기 시작했다. 내가 지나온 시간에는 분명히 무언가를 참아낸 마음이 있었고, 포기하지 않으려는 노력이 있었고, 나를 위해 애쓴 장면이 숨어 있었다. 그리고 그 모든 순간은 조용히 나를 지탱해 준 자양분이었다는 걸 깨달았다.

불교에서는 '지은 바를 알아차리는 것'이 수행의 시작이라고 말한다. 내가 무엇을 했는지를 돌아보고, 그것을 알아차리고, 거기서 배우는 것이 중요하다. 사람들은 타인의 시선이나 결과에만 집중하지만, 진짜 수행은 오히려 내 안에서 출발한다. 나의 행위 하나하나를 살펴보고, 그 안에 담긴 마음을 이해하는 것이다. 내가 오늘 선택한 말, 행동, 생각은 어떤 것이었는가? 그중에서 나는 어디에 마음을 담았는가? 그렇게 나를 바라보는 눈이 부드러워지자, 삶은 더 이상 결핍의 연속이 아니라 매일 조금씩 자라는 여정처럼 느껴졌다.

어느 날은 한참을 고민하다가 결국 하지 않기로 결정한 일이 있었다. 예전 같았으면 무조건 책임감이라는 이름으로 끝까지 밀어붙였을 텐데, 그날은 내 마음의 여유와 컨디션을 먼저 들여다보고, 스스로 멈추기로 결심한 것이다. 누군가는 그걸 '게으름'이라고 볼 수도 있었겠지만, 나에게는 옳은 선택이었다.

무리하지 않고 나를 돌보는 결정을 내릴 수 있었던 용기였다고 스스로에게 인정해 주자 마음이 한결 편안해졌다. 우리가 자주 놓치는 건 그런 작은 용기다. 나를 위해 한 선택을 칭찬해 주지 못하고, 늘 '더 열심히 해야지', '더 잘해야지'라며 자신을 몰아세우는 태도는 오래가지 못한다. 몸도 마음도 결국 지치기 때문이다.

그러니 하루를 마치며 조용히 나 자신에게 물어보자.

"오늘 내가 한 일 중, 가장 나를 잘 돌본 일은 뭐였을까?"

"내가 나에게 가장 다정했던 순간은 언제였을까?"

그 질문 하나만으로도 마음의 시선이 달라진다. 아침에 일어나자마자 물 한 잔 마신 일, 점심시간에 잠깐이라도 햇볕을 쬐며 걸었던 일, 바쁜 와중에도 친구의 안부에 답했던 마음… 그 모든 장면들이 나에게 다정했던 순간들이다. 우리는 그동안 너무 많은 시간을 반성에만 써왔다. 잘한 건 금세 잊어버리고, 못한 일은 오래 붙잡아 두고 있었다. 하지만 반성만으로는 마음이 자라지 않는다. 다정함이 필요하다. 자신을 따뜻하게 바라보고, 성장하려는 마음을 다독여주는 시선이 있어야 한다.

불교에서는 자비심이 수행의 근본이라고 한다. 자비는 타인에게만 베푸는 것이 아니다. 나 자신에게 베풀 수 있어야 진짜 자비다. 아무리 엉망이었던 하루였다 해도 "오늘 힘들었지? 그래도 참 잘했어!"라고 스스로에게 속삭여줄 수 있다면, 그 하루는 실패로 끝난 날이 아니라 마음이 좀 더 따뜻해진 날로 남게 된다. 결국 우리는 그런 하루하루를 쌓으며 자신을 길러 가는 것이다. 잘했어, 괜찮아, 오늘도 고생했어… 그런 말들이야말로 매일의 수행이자 마음의 약이 된다.

5장

다시 나를 만나는 길 위에서

모든 수행은 결국 '나'를 만나는 길

불교에서 말하는 수행은 거창한 일이 아니다.
일상의 순간순간에서 나를 돌보고,
내 마음의 상태를 살펴보는 것이 그 출발이다.
기대는 바깥을 향한 시선이고,
현실을 다정하게 만드는 건
내 안을 다스리는 마음의 자세다.
우리가 진짜 바꿀 수 있는 건 외부의 반응이 아니라,
그것을 바라보는 내 마음뿐이다.
기대보다 다정한 현실을 만든다는 건,
누군가 나를 안아주기 전에
내가 먼저 나를 안아주는 것이다.
누가 나를 이해해 주기만 기다리기보다,
내가 나 자신에게 먼저 이해의 눈길을 보내주는 일이다.

흔들려도
괜찮다는 허락

우리는 흔들리는 자신을 잘 받아들이지 못한다. 마음이 약해졌다고 느끼는 순간 스스로를 다그치게 되고, 왜 이 정도도 못 견디냐며 채찍질하게 된다. 뭔가 불안하고 슬퍼질 때면 그런 감정을 애써 감추거나 덮어두려고도 한다. 괜찮은 척하면서 하루를 버티지만, 마음 깊은 곳에서는 점점 고요함과 멀어지고 있음을 느끼게 된다. 겉으로는 아무 일 없는 것처럼 보여도, 속에서는 이미 작은 폭풍이 지나가고 있는 것이다.

그런데 생각해 보면, 누구도 그런 흔들림을 허락해 준 적이 없다. 어릴 때부터 흔들리는 법보다 버티는 법을 먼저 배웠고, 아프다는 말보다 괜찮다는 말을 더 많이 듣고 자라 왔으니까.

하지만 마음이라는 건 언제나 바닥을 딛고 있지 않는다. 물결처럼 오르내리고, 날씨처럼 변덕스럽고, 이유 없이 가라앉기도 한다. 그런 흔들림은 지극히 자연스러운 일인데도 우리는 마치 나약한 모습이라도 되는 양 스스로를 자책한다.

불교에서는 모든 존재가 '무상無常'하다고 말한다. 항상 머무는 것이 없고, 모든 것은 흘러가며 변한다는 뜻이다. 이 말은 위로가 될 수 있다. 지금의 아픔이나 흔들림도 결국은 지나가는 것이므로, 이 순간에 완전히 휘둘릴 필요가 없다는 뜻이니 말이다. 동시에 이 말은 받아들임에 대한 가르침이기도 하다. 변화는 피할 수 없는 것이고, 그 안에서 내가 할 수 있는 건 그저 마음을 다독이며 지켜보는 일뿐이라는 거다.

어느 날, 눈물이 왈칵 쏟아지는 아침을 맞이한 적이 있다. 특별히 큰일이 있었던 것도 아닌데 이유 없이 마음이 가라앉고, 누군가 내 안의 끈을 툭 끊어버린 것처럼 텅 빈 기분이었다. 그런 아침이 처음은 아니었지만, 그날은 유난히 스스로가 싫어졌다. 어른이라는 이름을 달고 살아가면서도 이렇게 쉽게 흔들리는 내 모습이 너무 못나 보였기 때문이다. 그런데 그 순간 문득 스친 생각 하나가 있었다.

'지금 이 마음 그대로를 그냥 두면 어떨까? 고치려 하지 말고, 괜찮은 척하지도 말고, 이 흔들림 그대로를 허락하면 어떨까.'

그렇게 생각하고 나니 마음 어딘가는 조금 느슨해졌다. 마치 꽉 조여진 끈 하나가 슬며시 풀리는 느낌이었다.

그날 이후, 나는 흔들리는 자신을 탓하기보다 받아들이는 연습을 시작했다. 아프면 아프다고 말하고, 불안하면 불안하다고 느끼는 걸 허락했다. 처음엔 그런 모습이 나를 무너뜨리는 것처럼 느껴졌지만, 진짜 무너지는 건 자신의 감정을 부정할 때라는 걸 알게 되었다. 받아들인다는 건, 포기하는 게 아니라 있는 그대로를 바라보는 용기이고, 지금의 나를 품는 따뜻함이었다.

불교에서는 '있는 그대로의 나를 보는 것'이 수행의 출발점이라고 말한다. 꾸미지 않고, 가리지 않고, 지금 이 순간의 나를 인정함으로써 비로소 진짜 변화가 자라날 수 있다고 말이다.

우리는 너무 오래 버티는 법만 배워 왔다. 참고, 눌러두고, 아무렇지 않은 척하는 데 익숙해져 있다. 하지만 정말 중요한 건 그 반대일지도 모른다. '지금은 버텨지지 않아'라고 말할 수 있는 용기, '오늘은 좀 무너지고 싶어'라고 솔직해질 수 있는 마음… 그게 우리를 진짜 단단하게 만들어준다.

스스로를 지켜내는 힘은, 그저 강한 척하며 안으로 틀어막는 데서 오는 게 아니라, 흔들려도 괜찮다고 말해주는 따뜻한 허락에서 시작된다. 나에게 그런 말 한마디를 건네는 사람이 아무도 없다면, 내가 해줘야 한다.

"오늘도 힘들었구나, 지금 이 흔들림도 너의 일부야."

그렇게 내 마음을 다정하게 안아주는 일이야말로 가장 먼저 배워야 할 내 자신을 위한 삶의 자세이다.

슬픔도
나의 일부일 뿐

이유 없이 마음이 푹 꺼지는 날이 있다. 특별히 나쁜 일이 있었던 것도 아닌데 눈물이 나고, 누군가의 안부 한마디에도 괜히 울컥하고, 평소처럼 웃어넘길 수 있었던 말들에 쉽게 상처받는다. 괜히 나 자신이 서럽고, 평소보다 더 작아진 것처럼 느껴진다. 그리고 그런 감정을 느끼는 스스로가 왜 이렇게 약해졌는지, 왜 예전처럼 단단하게 서 있지 못하는 건지 자꾸 반문하게 된다.

우리는 자주 '강해야 한다', '슬퍼할 시간도 없다'는 말들을 들으며 자라 왔기에, 이런 감정의 출렁임이 어딘가 부끄럽고 불편하게 느껴진다. 눈물은 감추어야 하고, 아픔은 조용히 삼켜야 하며, 감정은 드러낼수록 어른스럽지 못하다고 믿는다.

하지만 불교에서는 감정 억제를 수행이라고 말하지 않는다. 오히려 '있는 그대로의 감정'을 바라보고, 감정이 올라오는 그 순간에 머물 줄 아는 것이야말로 진짜 수행이라고 한다. 감정은 피할 대상이 아니라, 알아차릴 대상이다.

그래서 나는 어느 순간부터 슬픔을 억지로 떨쳐내지 않기로 했다. 왜 슬픈지 모르겠는 날에도, 그냥 그 슬픔과 같이 앉아 있기로 했다. 슬픔이라는 감정을 멀리 밀어내는 대신, 조용히 옆에 두고 바라보는 연습을 했다. 그러자 희한하게도 슬픔은 오히려 더 이상 나를 괴롭히지 않았다. 그저 함께 숨 쉬는 감정으로, 가끔 찾아오는 손님같이 느껴졌고, 무엇보다 내 마음의 한 조각으로 자연스럽게 인정할 수 있게 되었다.

불교에서는 '수용'이라는 단어를 자주 이야기한다. 수용이란 단지 현실을 받아들이는 것이 아니라, 마음에 일어나는 모든 것을 억지로 바꾸려 하지 않고 그대로 보는 것이기도 하다. 마치 흐르는 강물을 거스르려 애쓰지 않고 물결을 타고 흘러가는 것처럼…. 슬픔 역시 마찬가지다. 슬픔은 나를 쓰러뜨리려는 적이 아니라, 내 마음의 자연스러운 반응일 뿐이다.

무언가 알 수 없는 이유로 마음이 흔들릴 때, 슬픔은 그 흔들림 속에 조용히 찾아오는 감정이다. 그 감정은 내 마음이 여전히 살아 있다는 증거이기도 하다. 무뎌지지 않았다는 것, 여전히 어떤 것에 반응할 수 있는 따뜻함이 남아 있다는 뜻이다.

나는 슬픔을 받아들일 수 있게 되었을 때, 비로소 내 삶의 결이 좀 더 깊어졌다는 걸 느꼈다. 이전에는 기쁘고 밝은 감정만이 내 안에 있기를 바랐었다. 웃는 '나', 긍정적인 '나', 사람들에게 힘이 되어주는 '나'만이 '나'라고 믿었기 때문이다. 그런데 삶이란 게 언제나 그렇게 밝을 수만은 없는 법이다. 슬픔이 스며들고, 과거의 기억들이 떠오르고, 이유 없는 공허함이 밀려오는 날들과 조우하게 되면, 나는 부정하기보다 나를 지켜주는 가장 부드러운 방식으로 스스로를 다독였다.

"그래, 오늘은 마음이 조금 힘들구나."

불교에서는 모든 감정이 '나'가 아니라 '지나가는 현상'이라고 한다. '슬퍼하는 나'가 아니라, '슬픔이라는 감정을 느끼는 나'라는 거다. 그렇게 생각하면, 슬픔은 내 본질이 아니라 나의 한순간이라는 걸 이해할 수 있다. 그러면 그 감정에 너무 휘둘리지 않게 된다.

"지금 이 감정도 언젠가 사라질 거야. 나는 그걸 느끼고 있는 사람일 뿐이야."

그렇게 한 발짝 물러서서 감정을 바라보면, 마음은 조용히 중심으로 돌아온다. 그래서 나는 이제 슬픔이 찾아오는 날이면 스스로에게 이렇게 말한다.

"슬퍼해도 괜찮아. 그것도 너의 일부니까."

그러면 쪼그라들었던 마음이 다시 펴지는 것 같고, 스스로에게 건넨 그 한마디가 하루를 지탱하는 힘이 되어준다.

우리는 너무 오랫동안 밝고 단단한 모습만을 추구해 왔다. 하지만 진짜 온전한 사람은 슬픔까지도 품을 수 있는 사람이 아닐까. 눈물이 흐르더라도, 그 눈물 속에서도 나를 안아줄 수 있다면, 우리는 결코 무너지지 않을 것이다.

결국 나로
살아가는 연습

더 괜찮은 사람, 더 유능한 사람, 더 다정한 사람으로 보이고 싶어서, 우리는 자연스레 스스로를 꾸며내곤 한다. 때로는 기대에 부응하느라, 때로는 실망시키기 싫어서, 때로는 어른스러워 보이고 싶어서 본래의 모양을 감추며 살아간다. 그러다 보면 어느새 진짜 내 마음이 어디에 있는지조차 잊게 된다. 내가 원하는 것보다 남들이 원하는 것에 더 민감해지고, 내가 느끼는 감정보다 타인의 반응에 먼저 신경을 쓰게 된다. 그렇게 하루하루를 살다 보면 문득 '나는 지금 누구로 살고 있지? 이게 정말 내가 원하는 삶이 맞을까?' 같은 생각이 든다.

불교에서는 '참 나'를 찾는 일이 수행의 시작이자 끝이라고 말

한다. "'참 나'는 만들어내는 것이 아니라, 껍질을 벗기듯 하나씩 내려놓음으로써 드러난다."라는 말이 내 마음을 오랫동안 붙잡았다. '무언가를 더해 가는 게 아니라, 덜어내야 보이는 것'이라는 그 가르침이 오래도록 울림으로 남았다.

세상은 끊임없이 무언가가 되라고 말한다. 더 성공하라고, 더 착해지라고, 더 부지런해지라고, 더 완벽해지라고…. 하지만 그 '더' 속에 갇히면, 정작 내가 어떤 사람인지는 자꾸 흐릿해진다. 그래서 우리는 매일 조금씩 '나로 살아가는 연습'을 해야 한다. 누구도 아닌 '나'로 살아가는 일은 생각보다 어렵지만, 그만큼 단단한 기쁨을 주는 일이기도 하다.

어느 날 거울 앞에서 나는 아주 낯선 얼굴을 마주친 적이 있다. 표정은 웃고 있지만 마음은 전혀 그렇지 않았고, 말은 괜찮다고 했지만 사실은 많이 힘들었다. 그런데도 그저 '그래야 하니까'란 생각에 웃고, 맞춰주고, 애써 잘 지내는 척을 하고 있었다. 그러고 나서 돌아오는 건 이상하리 만큼 깊은 공허감이었다. 그때 깨달았다. 나답지 않게 사는 삶은 결국 내 마음을 야금야금 갉아 먹는다는 것을….

그날 이후로 나는 아주 작고 소소한 것부터 '나'로 돌아가는 연습을 시작했다. 예를 들어, 참석하고 싶지 않는 모임에는 "안 가도 돼!"라고 말해 보기, 싫어하는 말을 들었을 땐 "그건 내 생각과 달라!"라고 표현해 보기, 하루에 한 번쯤은 "지금 이건 내가 진심으로 하고 싶은 일인가?"라고 스스로에게 묻기….

처음엔 조심스럽고 어색했다. 어찌 보면 '나답게 행동하는 것'조차 오랜 시간 잊고 있었던 일이기 때문이다. 하지만 그렇게 하루 한 번씩 '내 마음이 진짜 원하는 것'을 들어주는 시간이 쌓이자 점점 마음이 부드럽게 풀렸다. 누군가에게 잘 보이지 않아도 괜찮고, 내가 완벽하지 않아도 괜찮고, 오늘 하루가 그저 무난했어도 괜찮다는 마음이 들었다.

그건 누구의 허락이 아니라, 내가 나에게 내리는 허락이었다. '이대로 살아도 괜찮아', '지금 이 모습도 충분해'라는 말을 매일 스스로에게 건네다 보니, 세상의 속도에 덜 휘둘리게 되었고, 타인의 기준에 휩쓸리지 않게 되었다.

불교에서 말하는 '있는 그대로의 나'는, 꾸미지 않은 순수한 마음이다. 그 마음은 누구에게 잘 보이기 위한 것이 아니고, 무엇을 성취하기 위한 수단도 아니다. 그저 지금 이대로도 소중하다는 자각을 삶 안에서 실천하는 것이 수행이라고 말한다.

우리는 불완전한 나를 부끄러워하지만, 그 불완전함이야말로 살아 있는 존재의 증거다. 완벽한 사람은 없다. 다만 자기 마음에 진실하게 귀 기울일 줄 아는 사람이 있을 뿐이다. 결국, 나로 살아간다는 건 '지금 이 마음에 진실해지는 일'이 아닐까.

"오늘 하루는 누구의 기준도 아닌, 내 마음의 소리에 따라 살아 보자".

그렇게 마음먹은 날은 조금 느리게 움직여도 불안하지 않고, 누군가의 말에 움츠러들지 않고 스스로를 지켜낼 수 있다. '나로 살아간다'란 말은 거창한 자아실현이 아니다. 그저 하루에 단 한 순간이라도 '이건 나다운 선택이었어'라고 말할 수 있다면, 그 하루는 헛되지 않는다. 그리고 그 선택들이 쌓여 결국은 내가 되는 것이다.

기대보다
다정한 현실 만들기

누구나 나름의 상상을 품고 오늘을 시작하고, 소소한 장면들조차 머릿속으로 그려 본 그림처럼 펼쳐지길 바라며 살아간다. 누군가가 내게 이런 말을 해줬으면 좋겠고, 내가 오늘 한 일에 대해 이런 반응이 돌아왔으면 좋겠고, 지금의 내가 이런 모습이었으면 좋겠다… 같은 바람들이 마음속에 빼곡히 쌓여 있다. 하지만 현실은 그런 기대를 완벽하게 채워주지 않는다. 되려 그 기대에 미치지 못할 때가 많고, 때로는 정반대의 결과가 돌아와 마음이 푹 꺼지는 날도 있다. 기대에 마음이 다치는 것이다.

그럴 때마다 '역시 난 안 되는 사람이야', '나는 왜 늘 기대만 하고 실망할까' 하고 스스로를 책망하게 된다. 기대한 나를 탓하면서 점점 더 마음의 문을 닫게 되고, 결국은 기대하는 일조차 겁을 내게 된다.

불교에서는 고통의 근원을 '집착'이라고 말한다. 그 집착은 어떤 마음을 고정된 모양으로 붙잡으려는 데서 비롯된다. 내가 그려 놓은 기대의 모양에 현실이 꼭 맞아떨어지길 바라고, 그것에 어긋날 경우 스스로를 실망시키는 마음 또한 하나의 집착일 수 있다. 그래서 스님들은 "기대가 클수록 고통도 크다."라고 말씀하신다. 이 말은 기대를 아예 하지 말라는 의미라기보다, 그 기대가 마음을 해치지 않게 내려놓는 법을 배우라는 뜻에 가깝다. 기대는 사람 마음의 자연스러운 작용이다. 다만 그 기대가 내 마음의 유일한 기준이 되어서는 안 된다는 말이다.

예전의 나는 기대가 삶의 동력이라고 생각했다. 무엇을 바라보며 살아야 의미가 생긴다고 믿었고, 늘 무언가를 바라며 하루를 채웠다. 하지만 그만큼 실망도 많았다. 기대했던 만큼 일이 잘 풀리지 않으면 하루종일 기분이 가라앉았고, 상대의 반응이 생각보다 차갑게 느껴지면 괜히 마음이 서러워졌다. 그러다 생각한 것이 '기대만큼 다정한 현실을 만들 수는 없을까?'였다. 내가 바라는 말이 있다면 내가 먼저 건네 보고, 받고 싶은 이해가 있다면 나부터 누군가를 이해하려 애써 보자고 마음먹었다. 그렇게 마음의 방향을 조금 바꾸기 시작하자 서서히 내 삶의 온도도 달라졌다.

예를 들어, 하루 종일 수고한 나를 누군가 알아주지 않아도 스스로에게 "오늘도 수고했어."라고 말하며 나를 다정하게 대해주었다. 그러자 세상도 조금 더 부드러워 보이기 시작했다. 그전에는 늘 부족하다고 느껴졌던 내 삶도, 자세히 들여다보면 꽤 많은 다정한 장면들로 채워져 있었음을 깨달았다. 문득 툭 던진 인사에 담긴 진심, 아무 말 없이 내 옆에 앉아 있어준 친구, 나도 모르게 따뜻한 눈빛으로 나를 바라봐주던 사람들… 그런 장면들이 기대한 것과는 다를지 몰라도, 훨씬 오래 남고 마음 깊은 곳을 어루만져주었다.

불교에서 말하는 수행은 거창한 일이 아니다. 일상의 순간순간에서 나를 돌보고, 내 마음의 상태를 살펴보는 것이 그 출발이다. 기대는 바깥을 향한 시선이고, 현실을 다정하게 만드는 것은 내 안을 다스리는 마음의 자세다. 우리가 진짜 바꿀 수 있는 건 외부의 반응이 아니라, 그것을 바라보는 내 마음뿐이다. 그 사실을 알게 되었을 때, 마음은 조금씩 자유로워진다. 그리고 그 자유로움은 내가 기대하던 결과보다 훨씬 더 깊은 만족감을 준다.

기대보다 다정한 현실을 만든다는 건, 누군가 나를 안아주기 전에 내가 먼저 나를 안아주는 것이다. 누가 나를 이해해 주기만 기다리기보다, 내가 나 자신에게 먼저 이해의 눈길을 보내주는 일이다. 그렇게 시작된 다정함은 기대보다 훨씬 더 따뜻한 무언가가 되어 돌아온다.

그 다정함은 때로 아주 조용해서 아무도 눈치채지 못할 수 있지만, 그건 분명히 마음의 근육이 되어 더 단단하고 여유 있는 나를 만들어준다. 그리고 그러한 하루하루가 쌓이면, 결국 내가 원하던 삶과 그리 멀지 않은 곳에 서 있게 된다.

아픔을 안고 걸어도
괜찮아

누구나 마음 한구석에 작든 크든 저마다의 아픔을 안고 살아간다. 겉으로는 아무렇지 않아 보이는 사람도 그 마음속에는 말하지 못한 상처 하나쯤은 꼭 품고 있고, 밝게 웃는 사람의 뒷모습에도 문득 슬픔이 묻어 있는 날들이 있음을 알아차리게 되었을 때, 나는 한동안 그 사실이 이상하게도 위로가 되었다. 혼자만 아픈 것이 아니었구나, 나만 유독 약한 게 아니었구나… 그렇게 생각하니 내가 안고 있던 아픔조차 조금은 다르게 느껴졌다.

불교에서는 '고苦'가 삶의 본질이라고 말한다. 누구나 고통을 겪는다는 사실을 부정하지 않고, 오히려 그 고통을 있는 그대로 받아들이는 데서 수행이 시작된다고 한다. 고통이 없기를 바라는 것이 아니라, 그 고통과 함께 살아갈 수 있는 마음을 기르는 것이 진짜 수행의 길이라는 말이다. 사람들은 아픔을 없애야만 다시 웃을 수 있다고 믿는다. 하지만 삶은 아픔을 안고서도 웃을 수 있고, 아픔이 완전히 사라지지 않아도 일상을 이어갈 수 있다는 것을 우리에게 조용히 가르쳐주고 있다.

나 역시 아픈 시절이 있었다. 누군가를 잃은 뒤에도, 뜻대로 되지 않는 현실 앞에서도, 관계 속에서 다치고 흔들릴 때도, 그때마다 나는 내 마음의 아픔을 누구에게도 온전히 말하지 못한 채 지냈다. 눈물은 늘 조용한 밤에만 흘렸고, 낮에는 괜찮은 척을 해야만 했다. 그렇게 참다 보니 단단해지기는커녕 마음이 점점 무뎌지는 것만 같았다. 그 무뎌짐이 나를 지켜주는 방패가 아니라, 나 자신과 멀어지게 만드는 벽처럼 느껴졌다. 그러던 어느 날, 한 스님의 법문을 듣게 되었다.

"아픔을 없애려 하지 말고, 그 아픔도 함께 품고 살아가라. 고통은 제거할 대상이 아니라 이해할 대상이다."

그 말을 들은 이후로 나는 내 마음속의 아픔을 조금 다르게 대하기 시작했다. 예전처럼 외면하거나 억누르기보다는, 그저 있는 그대로 바라보는 연습을 했다. 지금은 마음이 많이 아프구나, 그

때 그 말이 아직도 마음에 남아 있구나… 그렇게 내 감정의 잔해를 들여다보는 것부터 시작했다. 그렇게 나 자신과 조금씩 가까워지기 시작하니, 마음이 부드러워지기 시작했다.

불교에서는 "마음의 강함은 단단함에서 오는 것이 아니라 부드러움에서 온다."라고 말한다. 나 자신을 다그치지 않고 아픈 마음을 조용히 안아줄 수 있을 때, 마음은 더 깊어지고 삶은 이전보다 훨씬 너그러워진다.

우리는 수없이 다치고 다시 일어나기를 반복한다. 아픔 없는 사람은 없고, 상처 없는 하루도 없다. 중요한 건, 그 아픔을 대하는 자세다. 삶이 던진 아픔을 외면하거나 억지로 잊으려 하지 말고, 내 마음 한켠에 조용히 놓아두자. 때로는 잊힌 듯 있던 그 감정이 어떤 날엔 다시 고개를 들고 내 일상에 들어오기도 하겠지만, 그럴 때조차 '아, 네가 다시 왔구나' 하고 반가운 친구처럼 맞아주는 연습이 필요하다. 그렇게 우리는 아픔과 더불어 살아가는 법을 배워야 한다. 그것이 수행이고, 자비이고, 진짜 나를 돌보는 일이다.

아픔을 완전히 이겨내야만 다음으로 나아갈 수 있는 게 아니다, 아픔을 끌어안은 채로도 얼마든지 살아갈 수 있다, 그러니까 지금 이대로도 괜찮다… 그런 마음을 품기 시작하면, 스스로에게 좀 더 너그러워질 수 있고, 세상과의 거리도 전보다 덜 날카롭게 느껴질 것이다.

불교에서는 '고통을 짊어진 존재'로서 서로를 바라보라고 말한다. 그 말은 서로를 동정하라는 뜻이 아니라, 이해하라는 말이다. 누구나 자기만의 고통을 안고 살아가고 있다는 사실 하나만으로도, 우리는 서로를 조금 더 부드럽게 바라볼 수 있다. 무엇보다, 나 자신에게도 그 시선을 향할 수 있어야 한다.

"이렇게 아프면서도 잘 살아가고 있어. 그걸로도 충분해."

그렇게 하루를 다독이며 살아가는 일이 바로 이 생에서 내가 할 수 있는 가장 다정한 수행일지 모른다.

지금 여기,
내가 있어

요즘은 하루하루가 너무 빨리 지나가는 것 같다. 아침에 눈을 뜨고 나면 벌써부터 해야 할 일들이 머릿속을 점령하고, 나도 모르게 스마트폰을 열어 뉴스와 메일, 메시지를 확인하며 하루를 시작한다. 커피를 내리는 동안에도 머릿속은 이미 오후 회의 내용이나 미뤄둔 일들로 분주하고, 정작 내 마음은 그 어디에도 온전히 머물지 못한 채 바쁘게만 흘러간다. 누군가 내게 '지금 어디 있느냐'고 물어본다면, 몸은 여기 있지만 마음은 어딘가 저 멀리, 아직 오지도 않은 미래를 향해 가고 있거나 이미 지나간 과거를 붙잡고 있는 날들이 대부분이다. 그렇게 우리는 종종, 지금 이 순간에 머무는 법을 잊어버린 채 살아간다.

불교에서는 '지금 여기'라는 순간을 굉장히 중요하게 여긴다. 과거는 지나간 그림자이고, 미래는 아직 오지 않은 바람일 뿐이며, 오직 지금 이 순간만이 진짜 내가 머물 수 있는 곳이라는 가르침이다. 그 말이 처음에는 추상적으로 느껴졌지만, 점점 나이가 들고 마음이 지칠수록 이 말의 무게가 가슴에 깊이 와닿기 시작했다. 지금 이 순간에 집중하지 못할수록 마음은 늘 불안해졌고, 과거에 묶이거나 미래를 걱정할수록 눈앞에 펼쳐지는 일상의 아름다움을 자꾸 놓치게 되었다. 지금 내가 들이마시는 숨, 마주 앉아 있는 사람의 얼굴, 창밖으로 스쳐 지나가는 구름조차도 마음이 '지금 여기'에 있지 않으면 아무 의미 없이 흘러가버렸다.

나는 어느 날 아침, 뜨거운 물에 손끝을 데이고 말았다. 커피를 따르다 실수로 물이 튄 건데, 순간적으로 정신이 번쩍 들었다. 손끝은 얼얼했지만 이상하게도 마음은 오히려 또렷해졌다. '아, 내가 지금 여기에 있지 않았구나.' 그간 얼마나 많은 순간들을 생각에만 빠져 보내 왔는지, 몸은 움직이고 있었지만 마음은 늘 딴데 있었던 시간들이 떠올랐다.

그날 이후, 나는 하루에 몇 번씩이라도 '지금 여기'로 마음을 데려오는 연습을 하기 시작했다. 길을 걸을 때는 발바닥이 바닥을 닫는 느낌을 느껴 보고, 식사를 할 때는 눈앞의 음식을 바라보며 천천히 씹어 보고, 누군가와 대화할 땐 말을 듣는 내 마음이 자꾸 딴 생각으로 흘러가지 않도록 부드럽게 붙들어 보았다.

그렇게 작은 습관들을 쌓아 가자 마음이 조금씩 차분해지기 시작했다. 여전히 미래는 불확실하고 과거는 가끔 아프지만, 지금 이 순간을 바라보는 힘이 생기니 그 불확실함마저 견딜 수 있게 되었다. 불교에서는 "마음이 지금 여기에 있지 않으면 아무리 좋은 것도 의미가 없다."라고 한다. 우리가 흔히 말하는 행복 역시 미래에 도달해야만 얻을 수 있는 것이 아니라, 지금 이 순간에도 충분히 느낄 수 있는 감정이다. 그것을 놓치고 있는 건 다름 아닌 나 자신일 뿐이다.

지금 내가 앉아 있는 이 자리, 숨 쉬고 있는 이 공기, 커다란 변화는 없지만 평온하게 반복되는 일상… 그 안에도 분명히 '살아 있음'의 감각이 존재한다. 그리고 그 감각은 마음이 '지금 여기'에 머물 때에만 또렷하게 다가온다. 우리는 큰 기쁨이나 특별한 순간만을 행복이라 여기지만, 정작 그 순간들은 하루를 통틀어 몇 분 남짓에 불과하다. 오히려 대부분의 시간은 그저 평범하고 단조롭다. 그 시간 안에 마음을 두었을 때라야 비로소 삶은 깊이를 가진다. 결국 중요한 건, 대단한 무엇을 이루는 것이 아니라 '지금 이 순간을 얼마나 진실하게 살아내고 있는가'이다.

불교의 수행 중 하나인 '관觀'은 지금 이 순간의 감각, 생각, 감정을 바라보는 연습이다. 바라보되 개입하지 않고, 판단하지 않으며, 그저 있는 그대로 알아차리는 일이다. 그 연습이 익숙해질수록 우리는 지금 이 순간에 더 깊이 머무를 수 있고, 순간순간 떠오르는 불안이나 후회를 부드럽게 흘려보낼 수 있다. '지금 여기, 내가 있다'라는 이 단순한 문장이 마음속에 깊이 새겨질 때, 삶은 그 자체로 충만해진다.

원하는 삶과
마주 앉기

문득 '지금 내가 살고 있는 삶은, 내가 진심으로 원하던 삶일까?'란 생각이 들었다. 이 질문은 어딘지 낯설고도 솔직해서 쉽게 대답하기가 어려웠다. 지금까지 살아온 시간이 어찌 보면 무심하게 굴러가는 바퀴처럼 흘러왔고, 그 안에서 나는 그저 해야 할 일을 하며, 주어진 길을 따라가며, 큰 의심 없이 하루하루를 쌓아 왔다. 때론 누군가의 기대에 부응하느라, 때론 단순히 안정을 추구하느라, 그리고 때론 그냥 '이게 인생이려니' 하는 체념으로 그 길을 걷기도 했다. 그러다 보니 내가 진짜 어떤 삶을 원하는지는 오히려 점점 흐릿해졌고, 그렇게 흐려진 바람은 어느새 삶을 잠식하는 습관이 되었다.

불교에서는 '정견正見'이라는 개념을 강조한다. 올바르게 본다는 것, 삶을 진실되게 바라본다는 뜻이다. 그 '보는 일'은 단순히 바깥을 향한 시선이 아니라 내면을 바라보는 정직한 응시이기도 하다. 내가 지금 어떤 마음으로 살아가고 있는지, 내가 바라는 삶은 어떤 모습인지를 솔직하게 마주 보는 것이 수행의 시작이라 한다. 이 가르침이 나에게는 꽤 큰 울림이었다. 우리는 종종 자신이 무엇을 원하는지도 모른 채 바쁘게만 살아간다. 정작 삶이 원하지 않는 방향으로 흘러가고 있음을 어렴풋이 느끼면서도, 그 흐름을 되돌아보려 하지 않거나 너무 늦었다는 핑계로 외면해 버린다. 하지만 삶은 어느 한순간 멈추어서 묻는다.

"지금, 너는 진심으로 살아가고 있는 게 맞아?"

나 역시 오랜 시간 그 질문을 피해 왔다. 지금 하는 일이 안정적이니, 모두가 좋다고 하니, 무언가를 포기하기엔 너무 늦은 것 같으니… 그런 이유들을 내세워 마음 깊은 곳에서 자라나는 진짜 바람을 억눌렀다. 하지만 마음은 속이지 못한다. 아무리 바깥은 평온해 보여도, 안에서는 늘 조용한 갈증이 흘러넘쳤다. 일상이 만족스럽지 않은 건 아니었다. 하지만 어딘가 채워지지 않는 감정이 늘 있었고, 그 감정은 문득문득 삶의 의미를 묻는 물음표로 되돌아왔다. 그럴 때마다 나는 일부러 바쁘게 움직였고, 더 많은 일을 하며 내 안의 공허함을 덮으려 했다. 하지만 그럴수록 마음은 더 지쳤고, 결국 멈춰 서서 내면을 들여다볼 수밖에 없었다.

그렇게 멈춘 어느 날, 조용히 책상 앞에 앉아 내 마음에게 물었다. '진짜 원하는 삶은 어떤 모습이니?' 처음에는 대답이 없었다. 오랜 시간 외면해 온 질문이었기에 마음도 쉽게 입을 열지 않았다. 하지만 차츰차츰, 그동안 가려져 있던 바람들이 떠올랐다. 더 단순하게 살고 싶다는 마음, 조급하지 않게 하루를 음미하며 살고 싶다는 바람, 나를 소모시키는 일이 아니라 나를 채워주는 일을 하고 싶다는 내면의 목소리…. 그것들은 아주 작은 말들이었지만, 그 작음이 오히려 진심처럼 느껴졌다. 그리고 나는 그제야 비로소, 내가 원하던 삶의 방향이 무엇이었는지를 조금 알 것 같았다.

불교에서는 삶을 바꾸려면 먼저 마음을 바르게 보라고 말한다. 원하는 삶을 산다는 건, 멋지고 특별한 무언가를 성취하는 것이 아니라, 지금 이 순간의 나를 정직하게 들여다보는 것이다. 그 마음에 따라 조용히 발을 내딛는 것에서 정작 원하는 삶이 시작된다고 말한다.

그것은 급격한 변화가 아니라, 아주 작은 선택에서 비롯된다. 오늘 하루의 말투를 바꾸고, 일의 속도를 조금 늦추고, 나와 맞지 않는 것을 정중히 거절하고… 아주 작은 용기로 나답게 사는 시간을 한 줌 더 늘려 가는 일이다. 그러다 보면 어느 순간 삶은 내가 원하던 쪽으로 조금씩 틀어지기 시작한다. 거창한 꿈이 아니더도, 그 하루하루가 모이면 결국은 '내 삶'이 된다.

나는 이제 '원하는 삶과 마주 앉는 일'을 매일의 습관처럼 여긴다. 아침에 눈을 뜨면 오늘 하루 나다운 선택이 무엇일지 떠올려 보고, 저녁이 되면 오늘 하루의 말과 행동이 나를 지켜냈는지 돌아본다. 그것이 완벽할 수는 없지만, 그런 작은 성찰이 나를 조금 더 진짜 나에게로 이끌어주는 것 같다. 그리고 그 연습이 쌓이면 언젠가, 지금의 삶이 더 이상 타인의 것이 아니라 온전히 내 것이 되리라 믿는다.

매일 조금씩,
나답게

'나답게 살아간다'는 말은 참 쉽게 들리지만, 막상 그걸 실천하면서 살아가기란 생각보다 쉽지 않다. 우리는 하루에도 몇 번씩 선택의 갈림길에 서고, 때로는 나의 마음보다 타인의 시선을 먼저 의식하며 말과 행동을 정하곤 한다. 그러다 보면 문득문득 지금 내가 하고 있는 일이 정말 내가 원해서 하는 일인지, 아니면 그냥 기대에 맞추기 위해 반복하고 있는 것인지 헷갈릴 때가 있다. 더 조심스럽게 행동해야 한다는 압박감, 좋은 사람이 되어야 한다는 강박, 나보다 더 잘하는 사람들과의 비교… 이런 것들이 겹겹이 마음을 감싸고 있을 때, 나는 '나'보다 '누군가에게 비춰지는 나'를 더 열심히 연기하고 있었다는 사실을 어느 순간 깨닫게 된다.

불교에서는 '무위無爲'라는 개념을 중요하게 여긴다. 인위적인 의도나 꾸밈 없이 자연스러운 상태 그대로 존재하는 삶, 바로 그것이 무위다. 그 말은 나에게 늘 큰 울림으로 다가왔다. 우리가 살아가며 겪는 많은 고통은 사실 '그럴듯하게 보여야 한다'는 마음에서 비롯된다. 더 잘해야 하고, 더 성숙해 보여야 하고, 어떤 순간에도 흔들리지 않아야 한다는 스스로에 대한 기준이 너무 높기 때문에 마음은 자주 지치고, 그 지침은 결국 나를 나로부터 멀어지게 만든다. 하지만 무위의 삶은, 그런 완벽함에서 벗어나 '있는 그대로'의 나를 받아들이고 그 자체로 살아가는 연습이다. 그 연습은 하루아침에 이루어지지 않는다. 그래서 우리는 매일 조금씩, 아주 조금씩 '나답게' 살아보는 연습을 해야 한다.

내가 생각하는 '나답게'란 특별하거나 대단한 게 아니다. 오히려 아주 사소한 일들 속에 숨어 있다. 하기 싫은 일을 억지로 하지 않는 것, 마음에 들지 않는 말에 억지로 웃지 않는 것, 피곤한 날에는 당연하게 쉬어주는 것, 누군가의 기분을 맞춰주느라 내 마음을 억누르지 않는 것…. 그런 작고 조용한 선택들이 하루하루 쌓였을 때, 삶은 서서히 나의 모양을 닮아 간다. 그 모양이 비록 세상의 기준에서는 다소 어설퍼 보일지라도, 그 삶 속에서는 오히려 마음이 더 평온하고 따뜻해진다. 결국 중요한 건 '내가 그 삶 안에서 얼마나 숨을 편하게 쉴 수 있는가', '그 삶이 나를 억누르는 게 아니라 품어주는 방향으로 향하고 있는가' 하는 것이다.

예전에는 늘 무언가를 '잘해야 한다'는 생각에 사로잡혀 있었다. 좋은 사람이 되어야 하고, 실수 없이 말해야 하고, 누군가를 실망시키면 안 된다는 마음 때문에 나를 꽉 움켜쥔 채로 살아갔다. 하지만 그러면 그럴수록 마음은 더욱 뻣뻣해졌고, 사람들과의 관계도 점점 어려워졌다. 그러다 한 스님의 말씀이 문득 마음에 걸렸다.

"어떤 사람도 매일 완전할 수는 없습니다. 다만 그날그날 자신의 마음을 살펴볼 수 있다면, 그것이 수행입니다."

그 말을 떠올리고 나서부터 나는 매일 조금씩 나를 돌아보는 습관을 들이기 시작했다. 오늘 하루는 나답게 살았는지, 어떤 순간에 나를 억누르지는 않았는지… 스스로에게 조용히 묻는 시간을 하루의 끝에 마련해 두었다. 그러다 보니 작은 순간 하나하나에도 마음이 머물기 시작했고, 예전처럼 스스로를 몰아붙이지 않게 되었다.

불교에는 '습習'이라는 말이 있는데, 반복되는 것이 곧 삶이 된다는 뜻이다. 좋은 습관도, 나쁜 습관도 반복을 통해 마음의 일부가 되듯, 나답게 사는 습관도 매일의 작은 실천을 통해 마음에 뿌리를 내릴 수 있다. 하루에 한 번, '지금 이 말은 정말 내 마음에서 나온 걸까?'를 스스로에게 묻는 것만으로도 우리는 한 발짝 나에게 가까워질 수 있다.

그렇게 하루에 한 가지씩만이라도 나다운 선택을 해보자. 내가 좋아하는 색의 옷을 입고, 좋아하는 음식을 천천히 음미하고, 하고 싶었던 말을 조심스레 꺼내 보고, 피하고 싶었던 일은 잠시 미뤄 보는 것도 괜찮다. 그 작고 다정한 선택들이 결국은 '나답게 살아간다'는 말을 현실로 만들어준다.

세상은 자꾸 우리에게 빠르게, 효율적으로, 타인의 기대에 맞춰 살아가라고 말한다. 하지만 진짜 중요한 건, 그 모든 외침 속에서도 내 마음이 나를 알아보는 시간이다. 그리고 그 시간은 결코 거창하거나 대단할 필요가 없다. 매일 아주 작은 순간마다 "이건 나다운 선택이었어!"라고 말해줄 수 있는 날이 점점 늘어나는 것만으로도 우리는 이미 충분히 수행하고 있는 것이다.

진짜 나를
믿어주는 하루

흔히들 '자기 자신을 믿어야 한다'라고 말한다. 하지만 때때로 그 말이 너무 멀게 느껴질 때가 있다. 믿고 싶어도 믿기지 않는 순간이 많았기 때문이다.

나는 스스로가 부족하다고 느껴질 때가 많았다. 남들보다 뒤처진 것 같을 때, 작고 사소한 일에도 자꾸만 흔들리는 내가 미워지기도 했다. 그래서 나를 믿는다는 건 왠지 근거 없는 자기암시처럼 느껴졌고, 오히려 나를 더 자책하게 만드는 말처럼 다가오기도 했다. 하지만 나이가 들면서 알게 되었다. '진짜 나를 믿어주는 하루'는 거창한 성취나 자신감으로 채워지는 것이 아니라, 있는 그대로의 나를 있는 그대로 받아주는 데서 시작된다는 사실을 말이다.

불교에는 '자등명自燈明'이라는 표현이 있는데, 스스로를 등불 삼으라는 뜻이다. 외부의 평가나 타인의 인정을 기준 삼지 말고, 자신의 마음을 가장 밝은 빛으로 삼아 걸어가라는 말이다. 이는 수행자들에게 가장 깊은 가르침으로 전해진다. 나는 이 말을 마음에 담아두고 오래 생각했다.

'나는 나를 등불 삼고 있는가? 혹시 여전히 남의 빛에 의존하고 있는 건 아닐까?'

돌이켜보면, 나는 늘 누군가의 말에 따라 움직이곤 했다. 인정받기 위해, 실망시키지 않기 위해, 혼나지 않기 위해…. 하지만 그렇게 살수록 마음은 지쳐 갔고, 스스로에 대한 믿음도 자꾸만 작아졌다.

그러던 중에 한 번, 정말 오랜만에 스스로를 믿어준 날이 있었다. 어떤 일을 결정해야 했는데, 그 순간 나는 오랫동안 고민했던 선택지 대신, 내 마음이 가장 편안하게 느끼는 쪽을 택했다. 주변에서는 말이 많았고, 혹자는 조심스럽게 우려도 전했다. 하지만 이상하게도 내 마음은 그 어느 때보다 조용하고 단단했다.

그날 밤 혼자가 되었을 때 '결과가 어떻게 되든, 나는 나를 믿고 따라준 하루를 살았구나.'라는 생각이 들었다. 그 생각이 나를 울컥하게 만들었다. 스스로에게 받은 신뢰는 다른 누구에게서 받은 인정보다 훨씬 깊은 울림이 있었다. 그리고 그런 하루가 쌓일수록 나는 조금씩 나를 다시 신뢰하는 법을 배워 갔다.

진짜 나를 믿어준다는 건, '난 잘할 거야'라고 스스로에게 되뇌는 게 아니라 '실수해도 괜찮아'라고 말해주는 것이다. 최선을 다한 나를 다그치지 않고 토닥여주고, 남들이 뭐라 하든 나의 감정과 선택을 소중하게 여겨주는 태도이다. 그런 하루는 대단한 사건 없이도 내면 깊은 곳에서 부드럽게 피어나는 힘이 있다. 그 힘은 위로가 되고, 나를 흔드는 바깥의 소음에도 중심을 지킬 수 있는 조용한 뿌리가 되어준다.

불교에서는 믿음을 수행의 첫 걸음으로 본다. 그것은 외부 대상에 대한 맹신이 아니라 내 안의 '불성佛性', 즉 누구에게나 있는 깨달음의 가능성을 향한 신뢰다. 누구나 어딘가 서툴고, 때론 실수하고 무기력할 때도 있지만, 그럼에도 마음 깊은 곳에는 분명히 나를 향한 맑은 빛이 있다. 그 빛을 매일 조금씩 믿어주는 연습이야말로 삶을 수행으로 만드는 길이다.

나는 이제 하루를 마칠 때마다 스스로에게 묻는다.

"나는 나를 얼마나 믿어주었나?"

"내 감정을 무시하지는 않았나?"

"내 선택을 부끄러워하지 않았나?"

때로는 대답이 미흡해도 괜찮다. 그 질문을 놓치지 않는 것만으로도 이미 나는 나를 외면하지 않은 셈이니까. 그렇게 나는 매일 조금씩, 나를 다시 믿는 법을 배우고 있다.

오늘도 나에게
고맙다는 말

잠자리에 누워 가끔 멍하니 천장을 바라볼 때가 있다. 조용한 방 안, 가라앉은 마음, 조금 지친 몸…. 다른 날과 별다를 것 없이 흘러간 하루인 것 같은데 왠지 마음이 무겁고, 괜히 눈물이 날 것만 같은 날도 있다.

그런 날이면 문득 '내가 오늘 나에게 고맙다는 말을 한 적이 있었나?' 하고 생각하게 된다. 누군가를 위해 애쓰고, 수많은 선택을 견뎌내고, 실수하지 않으려고 긴장하고, 상처 주지 않으려고 조심하고… 모든 감정을 삼키며 버텨낸 나에게 단 한 마디라도 다정한 말을 건넸는지 돌아보게 되는 것이다.

불교에서는 '자비'란 타인을 향한 것이면서 동시에 나 자신에게도 베풀 수 있는 마음이라고 말한다. 자비는 단지 누군가를 이해하고 용서하는 따뜻함만이 아니라, 나 자신의 아픔도 끌어안아 주는 연습이다. 그런데 우리는 그런 자비를 자신에게는 인색하게 군다. 남에게는 괜찮다고 말하면서도 나 자신에게는 왜 그랬냐며 질책하고, 남의 실수는 이해하면서도 내 실수에는 쉽게 화가 난다. 그렇게 마음속의 잣대는 늘 나에게 더 엄격했고, 그 엄격함 속에서 나는 서서히 지쳐 갔다.

하지만 어느 순간, 내가 나에게 다정해지지 않으면 그 누구도 나를 온전히 위로해 줄 수 없다는 것을 알게 되었다. 아무리 많은 말을 들어도, 어떤 칭찬을 받아도, 내 마음속 깊은 곳에서는 늘 '나는 괜찮지 않다'는 자책이 울리고 있었다. 그 자책의 목소리를 잠재울 수 있는 유일한 말은, 남의 목소리가 아니라 내 입으로 건네는 '고마워, 오늘도 잘 버텨줬어'라는 작은 속삭임이었다.

그 한마디를 내 마음 안에서 꺼내기까지는 시간이 필요했다. 괜히 거울 앞에서 그런 말을 중얼거리는 게 민망하기도 했고, 어색한 마음에 '그 정도로 힘든 건 아닌데' 하는 생각도 들었다.

하지만 하루는 결코 가볍지 않다. 지극히 평범해 보이는 하루에도 수많은 감정과 판단, 인내와 포기가 숨어 있다. 사람들과 부딪히지 않으려고 조심했던 말 한마디, 혼자서 울컥했던 마음을 꾹 눌러 삼킨 침묵, 나도 모르게 무거워진 어깨와 깊어진 한숨까지…. 그 모든 순간을 견디며 하루를 살아낸 나에게는 고마움이 필요했다. 인정이 필요했다.

나는 종종 마음속에 작은 불을 켜는 기분으로 스스로에게 말하곤 한다.

"오늘 하루도 수고했어. 완벽하지 않아도 괜찮아. 잘 버텨줘서 고마워."

그런 말이 처음에는 낯설었지만, 어느새 내 안의 힘이 되어 다시 하루를 살아낼 수 있게 해준다. 불교에서는 '말[語] 또한 업業'이라고 하여, 말 한마디가 삶을 짓는 씨앗이 된다고 본다. 그리고 그 씨앗은 남에게만이 아니라, 내 마음 밭에도 뿌려지는 것이다. 내가 내게 어떤 말을 자주 하느냐에 따라, 나의 마음은 더 단단해질 수도 더 지칠 수도 있다.

그래서 나는 이제 되도록이면 나를 다그치지 않으려 한다. '왜 그랬을까'보다는 '그럴 수 있었지'라고 말해주고, '다음엔 더 잘해야지'보다는 '오늘도 충분히 잘했어'라고 다독여주려고 노력한다. 그렇게 나에게 조금씩 친절해지는 날이 늘어날수록, 이상하게도 삶의 무게도 조금씩 가벼워졌다.

우리는 늘 타인의 인정을 바라고, 누군가가 나의 진심을 알아봐주길 바란다. 하지만 정작 나 자신이 나를 제대로 알아주지 않으면 그 바람은 허공에 흩어질 뿐이다. 진짜 위로는 가장 가까운 나로부터 시작된다. 가장 자주 마주하는 나에게 가장 먼저 고마워하는 마음을 건네는 것이 마음을 회복하는 첫걸음이 아닐까.

어쩌면 당신도 지친 하루를 보냈을지 모르겠다. 별일은 없었지만 유난히 마음이 허한 날이었을 수도 있다. 그럴 땐 거창한 말이 아니라, 작고 부드러운 한마디가 필요하다.

"고맙다."

"참 잘했어."

"내일도 나를 믿고 또 한 발 내딛어 보자."

마음이 조용해지면
삶이 조금씩 다르게 보인다

한 꼭지 한 꼭지 써 내려가며 나도 함께 조금씩 고요해졌다. 문장을 쓸 때마다 마음을 쓰다듬는 듯했고, 문장을 다듬을수록 내 안의 감정도 서서히 정리되어 갔다. 마음이란 참 신기해서, 말로 표현하지 못한 채 묵혀 두면 무거워지지만, 조심스럽게 꺼내어 들여다보면 한결 가벼워진다. 그리고 그 가벼움 속에서 우리는 다시 하루를 살아갈 힘을 얻게 된다.

이 책은 삶을 바꾸는 비법이나 멋진 결심을 다룬 책이 아니다. 오히려 그런 다짐을 하지 못한 채 조용히 지쳐 있는 이들을 위한 책이고, 나 자신도 그중 하나였다. 그저 마음이 조금 덜 흔들렸으면, 괜찮지 않아도 다정한 눈빛으로 나를 바라봐줄 수 있었으면…

그렇게 하루를 넘길 수 있다면 그것만으로도 충분하다고 생각했다. 불교는 '있는 그대로를 받아들이는 연습'이라고 했다. 말은 쉬워도 가장 어려운 일이 바로 그것이었다.

하지만 이제 나는 안다. 내 마음을 억지로 긍정하려고 애쓰지 않아도, 다 괜찮다고 말하지 않아도 된다는 것을…. 있는 그대로의 나를 바라보는 것만으로도 변화는 시작된다는 것을…. 매일을 완벽하게 살 수는 없지만, 하루 한 순간이라도 숨을 깊이 들이쉬고 '지금 여기에 있는 나'를 온전히 느낄 수 있다면, 그 순간이야말로 삶의 가장 고요하고 단단한 중심이 되어준다는 것을….

당신이 이 책의 마지막 페이지까지 도달했다는 건 어쩌면 그만큼 당신의 마음도 조용히 말하고 싶어졌다는 뜻일지 모르겠다. 이제 나는 당신에게 이렇게 말하고 싶다. 누구보다 당신이, 당신 자신에게 가장 다정한 사람이 되어주기를…. 세상이 아무리 시끄러워도 당신만은 당신의 편이 되어주기를….

삶은 완벽해질 수 없지만, 매일 조금씩 마음을 돌볼 수는 있다. 그것이 바로 수행이고, 그것이야말로 지금 이 자리에서 할 수 있는 가장 의미 있는 실천이라고 나는 믿는다.

이 책을 덮는 순간에도 당신 마음 어딘가에 여전히 불안이 남아 있을지도 모르겠다. 그래도 괜찮다. 불안은 지나가는 손님일 뿐이니까. 우리는 그저 조용히 앉아 그 바람이 지나가기를 기다리면 된다. 오늘도 당신은 충분히 잘했고, 여전히 길 위에 있다. 그러니 너무 서두르지 말고, 조금 더 다정하게, 자기 속도로 걸어가면 좋겠다.

마음이 고요한 자리에서, 다시 삶을 바라볼 수 있기를…. 그 길에 이 책이 작은 등불 하나로 남을 수 있다면 더 바랄 게 없다.